prometeo
libros

El análisis del discurso polémico:
disputas, querellas y controversias

Ana Soledad Montero
(compiladora y traductora)

El análisis del discurso polémico: disputas, querellas y controversias

prometeo
libros

Índice

La polémica y lo polémico.
Palabras preliminares

Ana Soledad Montero

> Hallé esta sentencia corroborada por aquel gran
> orador y poeta laureado Francisco de Petrarca, diziendo:
> "Sine lite ataque offensione nihil genuit natura parens":
> Sin lid y offensión ninguna cosa engendró la natura,
> madre de todo.
>
> Fernando de Rojas, *La Celestina.*

El volumen que aquí presentamos inaugura la colección "Discurso y Sociedad". Esta nueva colección editorial se propone poner en circulación investigaciones teóricas y empíricas inscriptas en el campo del análisis del discurso, investigaciones preocupadas por los efectos y las repercusiones de los discursos en la política y en la sociedad, por los modos de manifestación, configuración y afirmación de las representaciones, las identidades y las ideologías mediante la toma de la palabra. Proponemos facilitar una serie de textos que se encuentran actualmente en el centro de los debates teóricos dentro del interdisciplinario campo del análisis del discurso, la retórica, la argumentación y las teorías de la enunciación, en el encuentro con la sociología, la ciencia política y la historia. En ese sentido, la colección "Discurso y sociedad" aspira a brindar herramientas para el análisis de los discursos sociales, tanto para investigadores nóveles como para especialistas interesados en la dimensión discursiva de los fenómenos sociales en el marco de distintas tipologías discursivas y campos de aplicación: discurso político, mediático, histórico, literario, entre otros.

En particular, la presente compilación de artículos, *El análisis del discurso polémico. Disputas, querellas y controversias*, constituye una apuesta de primer orden para introducir trabajos novedosos sobre un tema de gran actualidad. En efecto, el discurso polémico, los modos de manifestación del conflicto, del desacuerdo, de los disensos y las diferencias, los procedimientos de descalificación, oposición y/o refutación de las ideas del adversario, las huellas y los efectos de la violencia verbal y la gestión del disenso resultan temáticas vigentes y urgentes en las sociedades contemporáneas, sociedades democráticas, pluralistas y mediatizadas.

En el campo de las ciencias del lenguaje, de la retórica y del análisis del discurso, en los últimos años ha habido un interés creciente por lo polémico. Este renovado interés por los discursos, interacciones e intercambios polémicos se erige, sin embargo, contra toda una tradición que no solo desdeña sino que rechaza enfáticamente la inclusión de la polémica en el campo de los estudios argumentativos. En efecto, como señalan varios autores, la retórica clásica se figura como una *techné*, una técnica orientada a la disposición de los medios para llegar a la persuasión y al acuerdo fundado en argumentos racionales, aunque también, hay que decirlo, emocionales y personales (recuérdese que las pruebas del *logos* van de la mano de las del *ethos* y el *pathos*).

En tanto ciencia del acuerdo, la retórica excluía de su dominio a la llamada *erística*[1], el "arte indigno y sin sabiduría de la disputa" y del combate verbal que, lejos de ajustarse a normas racionales y acordadas, busca el golpe a cualquier precio, incluso a costa de emplear argumentos falaces, invectivas y malas artes (Angenot 2008). "La dialéctica erística es el arte de discutir, y de discutir de tal modo que uno siempre lleve razón, es decir, *per fas et nefas* [justa o injustamente]", apunta Schopenhauer en *El arte de tener razón* (2002, 13). Así, tanto la retórica aristotélica como la filosofía platónica se posicionaron contra la sofística pre-socrática, en un intento por domesticar y regular el "ejercicio salvaje de la palabra" (Ricoeur, citado en Declerq 2003, 18) propio de este uso irracional del discurso agonal. En efecto, toda la empresa retórica de Aristóteles parece apuntar a "despolemizar" la discusión dialéctica (Brunschwig 2003, 38) y a establecer las técnicas apropiadas para argumentar a favor de una tesis y lograr la adhesión del auditorio.

Las teorías contemporáneas de la argumentación no han ido mucho más lejos: también ellas expulsan lo polémico de su ámbito de interés, en la medida en que se conciben como teorías normativas y reguladoras de las interacciones verbales, con el objeto de llegar al acuerdo, a la negociación y a la resolución de los conflictos. La polémica está, de ese modo, virtualmente ausente de la Nueva Retórica de Perelman, de la teoría pragma-dialéctica (van Eeemeren, Grootendorst) y de la dialéctica formal (Hamblin)[2]. Como afirma Gilles Declerq, para las teorías lingüísticas y retóricas contemporáneas la polémica constituye un "impensado teórico, éticamente fuera de juego y técnicamente fuera del dominio" (2003, 19).

No obstante, desde hace ya algunas décadas las ciencias del lenguaje han incorporado una reflexión sobre lo polémico. La afirmación de una alteridad constitutiva del lenguaje es un sello distintivo en los inicios del análisis del discurso: para Michel Pêcheux, el sentido surge del choque entre formaciones discursivas –que remiten a formaciones ideológicas, que, a su vez, dan cuenta de conflictos de clase– en tensión. Es así como en una sentencia fundacional de su *semántica discursiva* Pêcheux afirma que "las palabras pueden cambiar

---

[1] Amossy (2014, 20) destaca que el término *erística* proviene de Eris –cuyo nombre latino es Discordia–, diosa de la Noche y hermana de Ares, dios de la guerra, a quien acompaña en sus batallas.

[2] Ver el artículo de Christian Plantin en este volumen. Podría agregarse, a grandes rasgos, que también las teorías pragmáticas canónicas (Grice, Brown y Levinson) recusan de la polémica. En efecto, el presupuesto subyacente a estas teorías es que el lenguaje está gobernado por un "principio de cooperación" (Grice) que regula el intercambio comunicativo, y que el incumplimiento de las máximas conversacionales supone una violación de ese principio fundante por lo que se descarta –o al menos se soslaya– la eficacia (social, política, intersubjetiva) de la polémica en tanto quiebre manifiesto de la cooperación comunicativa.

de sentido según las posiciones de aquellos que las emplean" (1990, 140), posiciones que anclan en las "condiciones socio-históricas" de los sujetos, cuyo vínculo con la significación es "constitutivo". El interdiscurso puede pensarse, entonces, como un campo de discursos en tensión que rodean y determinan una determinada formulación, enunciado o discurso: de allí que la polémica sea siempre una posibilidad en potencia.

Si la alteridad es constitutiva del lenguaje, ello es así porque este es fundamentalmente dialógico, i.e., está permeado y atravesado por la otredad (Bajtín 1982). Ese carácter dialógico deja huellas en la materialidad discursiva, huellas que Maingueneau propone denominar "dialogismo mostrado": el "dialogismo polémico" constituiría una de sus modalidades y se plasmaría en aquellos enunciados en los que el discurso del otro es explícitamente tomado como objeto de disputa: "Atacar un discurso, ponerlo como adversario, responder a un ataque (suponiendo que pueda saberse quién empezó) son gestos de consecuencias considerables, cuya eficacia no puede ser desdeñada" (1987, 91). En ese "nivel polémico" el discurso-otro aparece tematizado y se hace de él el objeto del propio decir. En ese sentido, es pertinente la observación de Garand: en tanto "discurso que hace oír su dirección", el discurso polémico "no es realmente dialógico, en el sentido de Bajtín, porque, en lugar de darle la oportunidad al Otro, lo hace caer en una trampa al falsificar su palabra. Lo integra para rechazarlo. Solo permite que subsista y domine un único sentido" (1989, 23).

Desde una concepción teatral de la enunciación tal como la que propone Oswald Ducrot, inspirada en las propuestas de Goffman y de Bajtín, los enunciados pueden analizarse como la puesta en escena de distintas voces y puntos de vista frente a los que el locutor, responsable del enunciado según la enunciación, adopta una postura: concesión, rechazo, refutación, burla, descalificación o acuerdo, todas ellas hacen visible que la otredad es constitutiva del sentido. Así, incluso cuando acuerda con él, el locutor se posiciona enunciativa y argumentativamente *frente* al otro para orientar su enunciado y construir una imagen de sí. Como dice Ducrot en un texto que anticipa su perspectiva polifónico-argumentativa:

> Es habitual, y puede parecer natural, pensar que la confrontación de los individuos por medio del lenguaje –de la cual la polémica sería un ejemplo particular y, tal vez, privilegiado– es en principio un hecho de discurso: un enunciado, en tanto tal (es decir, independientemente de su empleo) no poseería ninguna función polémica, o, en términos más generales, intersubjetiva, específica (1984, 30).

A esta concepción Ducrot opone una serie de objeciones: en primer lugar, la existencia en la lengua de todo un vocabulario polémico que deriva de la erística; en segundo lugar, los trabajos de Benveniste sobre las implicaciones intersubjetivas del sistema de pronombres, que culmina en una proyección "de las relaciones de discurso al interior mismo de los paradigmas de la lengua"; por último, fenómenos como la presuposición (que se caracteriza por encerrar "al auditor en un universo intelectual que no eligió, pero que se presenta como co-extensivo al diálogo mismo, y que no puede ser negado ni cuestionado sin refutar el dialogo en bloque") dan cuenta del carácter inherentemente polémico de la lengua:

11

> …hay que concluir que la lengua, independientemente de las utilizaciones que se puedan hacer de ella, se presenta fundamentalmente como el lugar de debate y de confrontación de las subjetividades (Ducrot 1984, 31).

En este marco, desde los años 80 el análisis del discurso dio a luz una serie de trabajos precursores sobre el discurso polémico y sus características enunciativas, pragmáticas y argumentativas. El clásico *Le discours polémique* (1980) editado por Catherine Kerbrat-Orecchioni, el célebre estudio sobre el género panfletario de Marc Angenot (1982), *Le discours pamphlétaire*, obras como *Sémantique de la polémique* y *Genèses du discours*, de Dominique Maingueneau (1983 y 1984 respectivamente) o *La griffe du polémique* de Dominique Garand (1989), entre otros, conformaron un terreno fértil para el surgimiento de los estudios sobre la polémica en el campo de la argumentación. Más recientemente, compilaciones como las de Declerq, Murat y Dangel (2003) o Albert y Nicolas (2010), el colosal *Dialogues des sourds. Traité de rhétorique antilogique* (2008) de Marc Angenot, las últimas obras de Ruth Amossy y de Dominique Garand, *Apologie de la polémique* (2014) y *Un Québec polémique. Éthique de la discussion dans les débats publics* (2014), así como múltiples números dedicados al tema en revistas especializadas[3], dan cuenta de la actualidad de esta problemática.

La hipótesis rectora que parece surgir de esta nueva ola de reflexiones sobre la polémica es que, en primer lugar, *lo polémico* es constitutivo de la argumentación y del lenguaje mismo. Una segunda hipótesis podría sintetizarse en las palabras de Christian Plantin: "El desacuerdo es lingüísticamente más rico que el acuerdo" (2004, 5) y, en esa medida, constituye un campo de interés para los estudios lingüísticos y discursivos: mecanismos polifónicos como la negación o la ironía, procedimientos lingüísticos de oposición, refutación, resemantización, descalificación y reformulación, técnicas retóricas como la argumentación *ad hominem* o *ad vericundiam*, estrategias pragmáticas de cortesía negativa, entre otras, constituyen herramientas de primer orden para el abordaje de la polémica. Por último, una tercera hipótesis parece orientar las investigaciones contemporáneas sobre la polémica: aunque menospreciada, sospechada, despreciada y combatida, en nuestros días la polémica atraviesa la totalidad de las escenas políticas, sociales y mediáticas.

La hipótesis acerca del carácter constitutivo de *lo polémico* merece una reflexión *in extenso*. Es Dominique Garand quien establece una distinción entre *lo polémico*, *la polémica* y la *polemicidad*[4]: categoría más amplia, "*lo polémico determina a la* polémica (el conflicto espectacularizado entre discursos), que determina a su vez a la polemicidad (la palabra violenta individual)". Lo polémico es "la guerra en potencia, lo social como espacio de lu-

---

[3] Ver los números monográficos de las revistas *Mots. Les langages du politique*, *Semen* y *Langage et société* citados en las referencias bibliográficas.

[4] Vale señalar que para Garand *lo agonal* atraviesa y desborda los tres niveles en tanto reenvía al "eje del deseo y del inconsciente […]. En tanto pulsión y pasión, refiere también al no-discurso, a aquello que subvierte inconscientemente el orden del discurso y confronta al sujeto a su incoherencia natural, en la paradoja, la angustia, el pánico, el miedo y el humor: todas pérdidas del control" (1989, 27).

chas y contradicciones, entre clases, entre valores. […] La polémica instala un contexto más restringido, campo de relaciones interdiscursivas que hacen sistema en diversos espacios […]. La polemicidad, por último, es un hecho de discurso, de habla, de estructura textual" (1989, 27-28)[5].

Imposible no remitir esta distinción conceptual a la "diferencia ontológica" por antonomasia (Marchart 2009), aquella que refiere a la distinción entre *lo político* y *la política* acuñada a principios del siglo XX por el gran pensador de lo político, Carl Schmitt. En efecto, *lo polémico* y *lo político* tienen una vinculación estrecha: retomando la clásica tesis schmittiana, lo político se define por establecer un grado de disociación/asociación:

> La distinción propiamente política es la distinción entre *amigo* y *enemigo*. Ella da a los actos y a los motivos humanos sentido político; a ella se refieren en último término todas las acciones y motivos políticos y ella, en fin, hace posible una definición conceptual, una diferencia específica, un criterio (2006, 31).

Lo político no es una esfera o un dominio de actividades, tiene autonomía en tanto no deriva de ningún otro criterio y, además, tiene primacía en tanto puede subsumir otras distinciones (en efecto, cualquier conflicto –de orden moral, religioso, estético– que adquiera cierto grado de intensidad se convierte por ello en una cuestión *política*). Así pues, el criterio político no alude a una distinción entre otras sino que refiere al principio que organiza e instituye toda comunidad política: el principio de asociación/disociación. Lo político en tanto criterio fundante debe distinguirse, entonces, de *la política*, que alude a la esfera estatal en sentido convencional y restringido, a la actividad partidaria, administrativa o parlamentaria interna al Estado.

Toda una vertiente de la tradición teórico-política contemporánea de inspiración postestructuralista o post-fundacionalista se hará eco de esta "diferencia ontológica" para pensar lo político. Así, la afirmación del carácter instituyente de lo político será también piedra de toque en la reflexión de Claude Lefort. Para Lefort, *lo político* es una instancia de "constitución del espacio social", un acontecimiento fundacional que instituye una forma de sociedad y no otra, el "principio generador de la configuración de conjunto": "Es la constitución del espacio social, la forma de sociedad, la esencia de lo que antaño se llamaba la ciudad, lo que es puesto en juego a partir de este acontecimiento" (1985, 75). Lo político es también el campo de la interrogación propio del pensamiento filosófico, que es necesariamente un "pensamiento de lo político" (Marchart 2009, 121). Y, en tanto campo de interrogación, podemos pensar que lo político es entonces un espacio de constitución de las *cuestiones*, de las *quaestiones* que organizan y estructuran todo discurso argumentativo (Meyer, 2004)[6].

---

[5] En un sentido similar, Cossutta (2000) propone diferenciar la *polemicidad*, el *polemismo* y la *polémica*. Al respecto, ver el artículo de Dominique Maingueneau en este volumen.

[6] Si, para Lefort, interrogar es pensar y actuar a la vez y en esa medida supone siempre una actividad filosófico-política, para Milner (2003) lo político habla el lenguaje de las "cuestiones" (y no de los "problemas") en tanto interro-

13

Lo político remite, entonces, a un "orden simbólico" en tanto "centro nervioso del cual procede el hecho mismo de institución [de la sociedad] (Rosanvallon 2002, 17):

> Referirse a lo político y no a la política es hablar del poder y de la ley, del Estado y de la nación, de la igualdad y de la justicia, de la identidad y de la diferencia, de la ciudadanía y de la civilidad, en suma, de todo aquello que constituye a la *polis* más allá del campo inmediato de la competencia partidaria por el ejercicio del poder, de la acción gubernamental del día a día y de la vida ordinaria de las instituciones (20).

Chantal Mouffe, por su parte, propone una relectura de Schmitt en clave *agonal*[7] y distingue un nivel ontológico –correspondiente a "lo político" en tanto modo de institución de la sociedad– de un nivel óntico –correspondiente a la política en tanto conjunto de prácticas políticas convencionales:

> …concibo "lo político" como la dimensión de antagonismo que considero constitutiva de las sociedades humanas, mientras que entiendo a "la política" como el conjunto de prácticas e instituciones a través de las cuales se crea un determinado orden, organizando la coexistencia humana en el contexto de la conflictividad derivada de lo político (2007, 16).

De forma paralela, y volviendo a nuestro objeto, podemos pensar que si *lo polémico* designa, en un nivel ontológico, el fenómeno general del conflicto en el lenguaje, "el lugar del malentendido" (Garand 1989, 9) en tanto dimensión inerradicable de la práctica del lenguaje humano (esa "herramienta imperfecta" a la que aludía Henry, 1977), *la polémica* sería, en un nivel óntico, una de sus manifestaciones discursivas en el plano de las prácticas e intercambios discursivos corrientes. Pero no solo eso: en la medida en que el criterio asociativo/disociativo de lo político es un criterio fundante, lo polémico le es co-sustancial. En suma, todo lo político es polémico, y, recíprocamente, todo lo polémico es político. Así lo afirma el propio Carl Schmitt en otro pasaje célebre: "Todos los conceptos, ideas y palabras poseen un sentido polémico; se formulan con vistas a un antagonismo concreto, están vinculados a una situación concreta cuya consecuencia última […] es una agrupación según amigos y enemigos" (2006, 38-39).

---

gaciones que no reciben soluciones sino "respuestas" fundadas en debates argumentados. Este lugar predominante de la "cuestión" en tanto campo de interrogación es tematizado también por Meyer cuando afirma que "si no hubiera un problema, una *question* que los separe [a los participantes de un intercambio polémico], no habría debate […], ni siquiera discusión" (2004, 10). Sobre el concepto de "cuestión argumentativa" ver también el texto de Christian Plantin en este volumen.

[7] Aunque para Mouffe el conflicto y el antagonismo son inerradicables y la posibilidad del acuerdo racional es imposible, la autora sostiene que las democracias pluralistas pueden y deben gestionar el conflicto mediante relaciones de tipo *agonal*, en las que la distinción nosotros/ellas sea reconducida a espacios de asociación simbólica e identidad capaces de reconocer la legitimidad de sus oponentes (2007, 27). Amossy (2014) retomará estas consideraciones para el desarrollo de su teoría democrática del disenso.

Dicho esto, no resulta sorprendente que la polémica encuentre sus expresiones más acabadas en ciertos tipos y géneros discursivos privilegiados, vinculados eminentemente al dominio de la política en un sentido convencional: alocuciones públicas y arengas políticas, debates de campaña, discursos parlamentarios, libelos, intercambios mediáticos, controversias intelectuales, solicitadas, manifestaciones ciudadanas, panfletos. No es casual, por lo tanto, que el *panfleto* haya constituido un objeto predilecto e intensamente transitado por los investigadores interesados en la dimensión conflictiva de los discursos sociales. Género discursivo "paradojal" que se erige en contra de todo género y marco ideológico y al mismo tiempo produce una diversidad de *topoï* y figuras polémicas recurrentes (Angenot 1982), el panfleto es un discurso de acción, violento, agresivo e incisivo, que busca "hacer reaccionar" y "crear el acontecimiento" (Hastings, Passard y Rennes 2009, 7). En sus manifestaciones contemporáneas, el "archipiélago panfletario" se desdibuja en versiones menos vehementes y más desprovistas de la "incorrección política" propia del género en sus inicios, en parte debido a la mutación del rol de los intelectuales y los políticos, pero también a causa de la expansión de cierta "ética" del debate público y de la puesta en cuestión permanente de las grandes verdades.

Sin embargo, encontramos en la actualidad una intensa actividad polémica –y, por ello, también política– en otros medios, dominios y soportes, eminentemente aquellos vinculados con las nuevas tecnologías y con las redes sociales (Amossy 2011), donde se abre un fecundo campo de indagación para los estudios sobre la conflictividad discursiva, la violencia verbal y las polémicas públicas. Esos nuevos dominios de inscripción y proliferación de lo polémico configuran, en todo caso, un nuevo *espacio público* plagado de intercambios vehementes e inflamados (una "nueva polémica", dice Christian Plantin) que merecen ser examinados, al lado de los géneros y formatos clásicos.

Es que, como señalan varios autores, para que haya *polémica* –y no mera querella o litigio privado– es preciso que la Cuestión en conflicto, aquello que está en juego y en disputa, sea de carácter público, de interés general, de alcance ciudadano. Puede tratarse de grandes o pequeñas cuestiones, pero en cualquier caso su impronta debe ser pública, común y compartida por una comunidad más o menos vasta de individuos.

Atravesado al mismo tiempo por una dimensión pragmático-enunciativa (que define rasgos específicos en cuanto al dispositivo de interacción y a las estrategias de integración/descalificación del adversario), una dimensión socio-genérica (que remite al carácter históricamente situado de la práctica polémica) y una dimensión semántica (que da lugar a las mutaciones y disputas de sentido y a la consiguiente configuración de las identidades), el discurso polémico debe pensarse, entonces, más como un "registro" que surca distintos tipos y géneros discursivos que como una tipología cerrada y ceñida a tales o cuales géneros (Maingueneau 2008).

Para Ruth Amossy (2014), la polémica presenta un modo de razonamiento entre otros posibles, y tiene tres rasgos específicos: la dicotomización, la polarización y el descrédito hacia el otro (hacia sus ideas o su persona): contrariamente a lo que suele afirmarse, la "violencia verbal" es solo un caso extremo de manifestación de la descalificación ajena, ya que puede haber polémica sin agresividad expresa. En la medida en que necesariamente apunta a un "blanco" (Kerbrat-Orecchioni 1980), la palabra polémica comporta una dimensión fuertemente conflictiva que está, sin embargo, fuertemente limitada por restricciones de tipo pragmático y semántico[8], por lo que su "potencia destructiva" está contenida: parafraseando a Foucault, no se puede polemizar sobre cualquier cosa, en cualquier momento, de cualquier modo.

* * *

Precisamente, los trabajos que presentamos aquí ofrecen innovadoras y sugestivas pistas para el análisis de los modos en que se despliega el conflicto en nuestras sociedades contemporáneas.

Los artículos incluidos en la primera parte, "La polémica en el espacio público. Reflexiones sobre el disenso en democracia", parten de una constatación y una hipótesis convergente: aunque, como ya señalamos, la retórica, en tanto arte de la persuasión, no incluye e incluso reniega del carácter constitutivo de lo polémico, en el espacio público suele primar el disenso sobre el consenso, la disputa sobre el acuerdo, el conflicto sobre la armonía de intereses y opiniones. Así, los discursos que circulan en la esfera pública en espacios de debate democrático, abierto y plural no hacen más que poner de manifiesto una evidencia: la argumentación pública está permeada, plagada y cargada de polémica. Más aún: el carácter polémico de los intercambios parece ser, muchas veces, inerradicable e insuperable, la "ajenidad" de los discursos en confrontación resulta casi siempre incomprensible y escandalosa, y el acuerdo parece imposible.

Esa es la línea de argumentación que despliega Ruth Amossy en "Por una retórica del *dissensus*: las funciones de la polémica". En este texto inédito, que retoma las ideas contenidas en su última obra, *Apologie de la polémique* (2014), Amossy reivindica el rol constitutivo de la polémica pública en tanto "paradigma de una retórica del *dissensus* cuyo objetivo último no es la búsqueda del acuerdo, cuyo modelo no es el diálogo, y que cumple no obstante funciones importantes en el espacio público", un espacio público democrático, pluralista y agonista en el que el disenso es "la regla, más que la excepción". En ese sentido, sostiene la autora, lejos de estar excluida de la argumentación, la polémica pública merece ser incluida de pleno derecho en los estudios retóricos y argumentativos. La argumentación debe pensarse, desde esta perspectiva, como un *continuum* de discursos en los que la polémica está más o menos expuesta: de los discursos que gestionan la diferencia silenciando al adversario hasta aquellos que exacerban el conflicto, pasando por todos los matices y posiciones intermedias.

---

[8] Así lo afirma Dominique Maingueueau en el artículo incluido en este volumen.

A partir de una problemática similar, en el también inédito "Diálogo de sordos: tratado de retórica antilógica", Marc Angenot retoma los grandes lineamientos de su reciente obra de idéntico título (2008) y se pregunta: "¿por qué, siendo la persuasión un fenómeno tan anómalo, los humanos no se disuaden y persisten en argumentar?". Angenot sostiene que "más que plantearse como una ciencia idealizada de los debates bien regulados y de la persuasión racional, para observar el mundo tal como es y dar cuenta de él la retórica debe postularse como una ciencia de los desacuerdos persistentes y de los malentendidos que resultan del intercambio de 'buenas razones'". La hipótesis que guía el texto de Angenot es que la clave para abordar la argumentación como "diálogo de sordos" reside menos en las diferencias de puntos de vista, de opiniones o de vocabularios que en los "cortes argumentativos" que establecen diferencias entre las competencias y las *reglas comunes* sobre lo argumentable, lo debatible, lo persuasible. Sobre esta base, el autor aborda dos procedimientos retórico-argumentativos que tienen un rol eminente en los debates contemporáneos y cuyo empleo pone en el tapete la pregunta sobre las reglas comunes y aceptables en la argumentación, y sobre los "cortes" que esas reglas instauran: el razonamiento contrafáctico y la lógica del resentimiento.

En "Las dos restricciones de la polémica", Dominique Maingueneau parte de la idea de que toda situación polémica pone en juego dos posicionamientos en confrontación, entre los cuales se produce un fenómeno que Maingueneau propone llamar "interincomprensión", y que consiste en el hecho de que los adversarios solo pueden "traducir" el discurso de su Otro en sus propias categorías, anulando de ese modo su alteridad: los posicionamientos "están así condenados a entrar en conflicto, porque se constituyen recíprocamente; condenados a no comprenderse, porque sus enunciados son, entre sí, como el verso y el reverso" y construyen su identidad precisamente en esa alteridad. El análisis de la polémica entre el humanismo devoto y el jansenismo en los siglos XVI y XVII, por un lado, y de las *Cartas Provinciales* de Pascal, por otro, ofrece una ilustración acabada de los modos en que la polémica se erige en una *negociación* entre dos redes de restricciones: restricciones de orden *pragmático* y restricciones de orden *semántico*.

En la misma línea que los anteriores y desde un punto de vista interaccional de la argumentación, en "De polemistas a polemizadores" Christian Plantin constata que ni en los manuales clásicos ni en los contemporáneos hay lugar para el análisis de la polémica, que suele ser abordada normativamente, en terminos de falacias o de distorsiones en la argumentación. Muestra el autor que, no obstante, el análisis de la prensa y de los discursos contemporáneos exhibe una profusión y una multiplicación de las polémicas, de donde surge una "nueva polémica" que ya no estaría a cargo de *polemistas*, en el sentido clásico de profesionales expertos en el arte de polemizar, sino de *polemizadores*, "locutores ordinarios involucrados en una cuestión para ellos vital que los sobrepasa, e implicados, de mal o buen grado, en una relación de lenguaje cargada de violencia y de emoción".

La segunda parte, "La polémica en interacción. Discursos políticos, controversias mediáticas y manifestaciones públicas", presenta cuatro artículos en los que se analizan discursos en interacción polémica en el campo político, en el mediático y en el espacio público de la protesta ciudadana. Los trabajos presentan herramientas conceptuales y analíticas para abordar intercambios polémicos específicos en los que se pone en juego la descalificación, la invectiva, la burla y distintas formas de argumentación polémica que apuntan o bien a desacreditar al otro o bien a refutar sus argumentos. Aquí encontramos entonces deslizamientos entre las figuras de la argumentación *ad hominem*, central en todo discurso polémico, y las formas de la argumentación *ad rem*, centradas ya no en la persona del adversario sino en sus palabras o ideas. Si en los textos de Simone Bonnafous, Catherine Kerbrat-Orecchioni y Dominique Garand encontramos reflexiones orientadas al primer tipo de formulaciones, el artículo de Juliette Rennes contribuye a mostrar de qué modo los grupos sociales argumentan a favor o en contra de una consigna apelando menos a las personas que a tópicos argumentativos históricos que son reactualizados.

El artículo de Simone Bonnafous, "El arma de la burla en Jean-Marie Le Pen", propone un análisis del discurso del líder político francés desde el prisma de los procedimientos de burla, descalificación y ridiculización del otro. Detecta, así, tres modos preponderantes que corresponden a tres regímenes de adversarios diferentes: por un lado, la "burla en interacción", consistente en tácticas de ridiculización y desestabilización del periodismo *in præsentia*. Las "figuras de la agresión", dirigidas a periodistas, a la clase política y a sus adversarios en general, consiste en una serie de juegos de palabras, neologismos, metáforas y fórmulas despreciativas que se encuentran en el límite entre la sátira y la lisa y llana agresión. Por último, las distintas variantes de la ironía, que toma como blanco a las ideas y los programas de sus adversarios.

En el inédito "Sarkozy polemista: la 'descalificación cortés' del adversario", Catherine Kerbrat-Orecchioni se aboca al estudio de un debate presidencial entre Nicolas Sarkozy y Ségolène Royal atendiendo, específicamente, a los modos de descalificación cortés (i.e., la descalificación que adopta las apariencias de la cortesía). La autora aborda dos procedimientos: el primero, la mitigación de los ataques, refiere a las formas mediante las cuales el locutor "pule" o suaviza aquellos enunciados que pueden constituir amenazas a la imagen del otro. El segundo procedimiento examinado, que la autora denomina mediante el neologismo *polirudesse* y que aquí traducimos por "ataque cortés", consiste en disimular la amenaza hacia la imagen del otro mediante un enunciado que constituye, en apariencia, lo contrario de una amenaza. Kerbrat-Orecchioni examina una panoplia de variantes que dan cuenta de la riqueza y de la eficacia pragmática del "ataque cortés" en este género discursivo.

El texto de Dominique Garand, "La función del *ethos* en la formación del discurso conflictivo", retoma los grandes debates acerca del panfleto como género polémico privilegiado y articula esas preocupaciones con la problemática del *ethos*. Garand propone un modelo de análisis que, más que temáticas o lugares comunes, reconoce "*operaciones* que ponen en tensión, de manera variable, polos discursivos bien precisos", polos actanciales que el autor denomina, en el plano interlocutivo, Enunciador, Enunciatario y Tercero y, en plano del discurso constitutivo, Sujeto, Anti-Sujeto y Daño. En este marco, Garand aborda específicamente las modalidades de la injuria y el insulto o la invectiva en distintos intercambios polémicos desplegados en la prensa y en el espacio público.

El trabajo de Juliette Rennes, "Las formas de la protesta. Sociología de las movilizaciones y teorías de la argumentación", presenta, en primera instancia, una inquietud teórico-epistemológica, concerniente a la posible articulación de los análisis de las movilizaciones sociales y de los discursos que allí se ponen en juego. Para ello, la autora introduce el concepto de "repertorio de argumentos", anclado en y articulado a la noción de "repertorio de acción", y propone un abordaje sociológico, histórico y argumentativo de los procesos de conflictividad social, que permita tomar en consideración el argumentario desplegado en un determinado conflicto, "los fenómenos de orientación y reorientación de esos discursos en dispositivos de persuasión, de refutación, de realineamientos", así como la inscripción histórica en el largo plazo y el anclaje institucional de los enfrentamientos argumentativos.

* * *

Deseo agradecer a los autores y editores que generosamente me permitieron traducir y reproducir sus textos. Asimismo, a los colegas que leyeron versiones de los textos traducidos, que me facilitaron información y me asistieron para resolver dudas terminológicas o procedimentales. Por último, a mis amigos y a mi familia, por el aliento y el apoyo en materia de tiempo y espacio.

Referencias bibliográficas

ALBERT, LUCE y LOÏC NICOLAS (eds.) (2010). *Polémique(s). Modalités et formes rhétoriques de la parole agonale de l'Antiquité à nos jours*. Bruselas: De Boeck-Duculot.

AMOSSY, RUTH (2011). "La coexistence dans le dissensus. La polémique dans les forums de discussion". *Semen* 31 : 25-42.

AMOSSY, RUTH (2014). *Apologie de la polémique*. París: Presses Universitaires de France.

AMOSSY, RUTH y MARCEL BURGER (eds.) (2011). "Polémiques médiatiques et journalistiques. Le discours polémique en question(s)". *Semen* 31, número monográfico.

AMOSSY, RUTH y PIERRE FIALA (dirs.) (2004). "Guerres et paix. Débats, combats, polémiques". *Mots. Les langages du politique* 76, número monográfico.

ANGENOT, MARC (1982). *La parole pamphlétaire. Typologie des discours modernes*. París: Payot.

ANGENOT, MARC (2008). *Dialogues de sourds. Traité de rhétorique antilogique*. París: Mille et une Nuits.

ARISTÓTELES (1998). *Retórica*. Madrid: Alianza.

BAJTÍN, MIJAÍL [1979] (1982). *Estética de la creación verbal*. México: Siglo XXI.

BARBET, DENIS y DAMON MAYAFFRE (dirs.) (2009). "2007. Débats pour l'Elysée". *Mots. Les langages du politique* 89, número monográfico.

BRUNSCHWIG, JACQUES. "Aspects de la polémique philosophique en Grèce ancienne". En *La parole polémique*, editado por Gilles Declercq, Michel Murat y Jacqueline Dangel, 25-45. París: Champion.

COSSUTTA, FRÉDÉRIC (2000). "Typologie des phénomènes polémiques dans le discours philosophique". En *La polémique en philosophie*, editado por Ali Bouacha y Frédéric Cossutta. Dijon: Editions Universitaires de Dijon.

DECLERQ, GILLES (2003). "Rhétorique et polémique". En *La parole polémique*, editado por Gilles Declercq, Michel Murat y Jacqueline Dangel, 17-23. París: Champion.

DECLERCQ, GILLES, MICHEL MURAT y JACQUELINE DANGEL (eds.) (2003). *La parole polémique*. París: Champion.

DUCROT, OSWALD (1984). *Le dire et le dit*. París: Minuit [Trad. esp.: *El decir y lo dicho*. Buenos Aires: Paidós, 1986].

GARAND, DOMINIQUE (1989). *La griffe du polémique*. Montreal: L'Hexagone.

GARAND, DOMINIQUE (1998). "Propositions méthodogiques pour l'étude du polémique". En *États du polémique*, editado por Dominique Garand y Annette Hayward, 211-268. Montreal: Nota Bene.

GARAND, DOMINIQUE (2014). *Un Québec polémique. Éthique de la discussion dans les débats publics*. Montreal: Hurtubise.

GARIBAY, DAVID y GABRIEL PÉRIÈS (dirs.) (2007). "Violence et démocratie en Amérique Latine". *Mots. Les langages du politique* 85, número monográfico.

Hastings, Michel, Cédric Passard y Juliette Rennes (dirs.) (2009). "Que devient le pamphlet ?". *Mots. Les langages du politique* 91, número monográfico.

Henry, Paul (1977). *Le mauvais outil*. París: Klincksieck.

Kerbrat-Orecchioni, Catherine (1980). "La polémique et ses définitions". En *Le discours polémique*, editado por Nicole Gelas y Catherine Kerbrat-Orecchioni, 3-40. Lyon: Presses Universitaires de Lyon.

Lefort, Claude (1985). "La cuestión de la democracia". *Revista Opciones* 6: 73-86.

Maingueneau, Dominique (1984). *Genèses du discours*. Liège: Mardaga.

Maingueneau, Dominique (1987). *Nouvelles tendances en analyse du discours*. París: Hachette.

Maingueneau, Dominique (2008). "Les trois dimensions du polémique". En *Les registres. Enjeux stylistiques et pragmatiques*, editado por Lucile Gaudin-Bordes y Geneviève Salvan, 109-120. Louvain-la-Neuve: Bruylant-Academia.

Marchart, Olivier (2009). *El pensamiento político posfundacional. La diferencia política en Nancy, Lefort, Badiou y Laclau*. Buenos Aires: Fondo de Cultura Económica.

Mouffe, Chantal (2005). *En torno de lo político*. Buenos Aires: Fondo de Cultura Económica.

Pêcheux, Michel (1990). *L´inquiétude du discours. Textes choisis et présentés par D. Maldidier*. París: des Cendres.

Perelman, Chaim y Lucie Olbrechts-Tyteca [1958] (1970). *Traité de l'argumentation. La nouvelle rhétorique*. Bruselas: Presses de l'Université de Bruxelles. [Trad. esp.: *Tratado de la argumentación. La nueva retórica*. Madrid: Gredos, 2009].

Rosanvallon, Pierre (2002). *Por una historia conceptual de lo político*. Buenos Aires: Fondo de Cultura Económica.

Schmitt, Carl [1932] (2006). *El concepto de lo político*. Buenos Aires: Struhart.

Schopenhauer, Arthur (2002). *El arte de tener razón*. Madrid: Alianza.

Vivero García, María Dolores (dir.) (2013-2014). "Humour et ironie dans la campagne présidentielle de 2012". *Langage et société* 146, número monográfico.

Primera parte

La polémica en el espacio público. Reflexiones sobre
el disenso en democracia

Por una retórica del *dissensus*: las funciones de la polémica*

Ruth Amossy

Introducción

Mi propósito es proponer una redefinición parcial de las funciones de la retórica basada en sus usos. Para ello, me apoyo en una exploración de la polémica pública, generalmente considerada como una forma bastarda de deliberación[9]. Me propongo, por el contrario, mostrar su rol constitutivo en el régimen democrático. Sostengo, en efecto, que la polémica pública es el paradigma de una retórica del *dissensus* cuyo objetivo último no es la búsqueda del acuerdo, cuyo modelo no es el diálogo, y que cumple no obstante funciones importantes en el espacio público.

Sin duda, esto implica ir al encuentro de los ideales sobre los que se fundan tanto la retórica clásica como las teorías contemporáneas de la argumentación o la teoría de la acción comunicativa de Habermas (1981). No se trata de derribar esos ideales, en tanto horizonte utópico hacia el cual debería dirigirse la democracia. Se trata de tomar nota del hecho de que, en la práctica, la retórica centrada en el acuerdo racional suele ir acompañada de una dinámica comunicativa muy diferente. Esta se funda más en el conflicto exacerbado y en el desacuerdo persistente que en la resolución de los diferendos y el aplacamiento de las diferencias. La polémica pública, que constituye su paradigma, no está por ello excluida de la argumentación. Ella es, por el contrario, una parte constitutiva y participa de la gestión de los conflictos en un espacio democrático pluralista en el que el *dissensus* y el *agon* son la regla, más que la excepción (cf la "democracia pluralista agonista" de Chantal Mouffe, 2000).

A continuación resumiré los grandes ejes de la reflexión que desarrollo con mayor profundidad en mi *Apologie de la polemique* (2014).

---

* Amossy, Ruth. "Pour une rhétorique du *dissensus*: Les fonctions de la polémique", artículo inédito.
[9] Con algunas excepciones. Ver, por ejemplo, los interesantes trabajos de Koch (2009) y Phillips (1996, 1999), cuya perspectiva es, sin embargo, diferente de la mía.

Ruth Amossy

1. La polémica pertenece al campo de la argumentación retórica

Si la retórica y las teorías de la argumentación han frecuentemente excluido la polémica mediante la censura o el silencio, es porque ella va en contra del principio sagrado de búsqueda del acuerdo. Integrar en el imperio retórico una práctica marcada por el exceso que cultiva y perpetúa el disenso no podría más que constituir una amenaza para una disciplina consagrada a la persuasión racional y a la resolución de conflictos. Su plena integración hubiera dado lugar a una revisión perturbadora. Pero, examinándolo seriamente, se revela sin embargo que la polémica se inscribe plenamente en la argumentación, en la medida en que esta ancla en la divergencia y la confrontación de puntos de vista. Argumentamos cuando surge un desacuerdo sobre un problema dado, y cuando se ofrecen dos o más respuestas divergentes a una misma cuestión, lo que obliga a cada una de las partes a justificar los fundamentos de su posición. Michel Meyer ve lo específico de la argumentación en el debate contradictorio sobre una cuestión explícitamente formulada que divide a los individuos (Meyer 2008, 52-53). En su estudio sobre la polémica, Christian Plantin (2003) muestra correctamente que esta es, de hecho, difícilmente distinguible de la argumentación ordinaria. A condición, por supuesto, de no confundirla (como lo hace a menudo la prensa) con la violencia verbal o la expresión de los afectos: un intercambio de insultos o una explosión pasional no constituyen en sí una polémica. El discurso polémico consiste, sobre todo, en una confrontación de opiniones, donde la confrontación es, a la vez, la acción de hacer presentes (dos) discursos, un "debate que permite a cada uno exponer y defender su punto de vista, frente a los puntos de vista comparados de los otros participantes" (*Trésor de la Langue Française*), y una confrontación en cuyo seno cada uno lucha por asegurar la supremacía de su propia posición. Es en este sentido que la polémica es *polemos*, guerra verbal: no como pura explosión de violencia, sino como divergencia de opiniones que se traduce en un intercambio agonal entre adversarios. Desde esta perspectiva, la polémica no difiere del debate: más que su negación es su paroxismo.

Esto implica que la argumentación debe ser considerada como un *continuum* que manifiesta grados más o menos fuertes de confrontación verbal (Amossy 2010). En el centro se sitúa la gestión razonada de discursos que se oponen en relación a una cuestión controvertida, oposición que puede tomar la forma de un debate, de una discusión e incluso de una negociación. En uno de los polos se ubican los discursos que, en su afán de persuasión, silencian el discurso adverso y borran la confrontación, desarrollando exclusivamente su propia tesis (incluso aquellos discursos que evitan presentar una tesis). En el otro polo, encontramos el choque ostentoso entre posiciones antagonistas que caracteriza a la polémica. Desde esta óptica que insiste en la gradualidad, la polémica no se presenta necesariamente como una práctica autónoma y aislada. En el seno del *continuum* de la argumentación, un debate puede incluir momentos polémicos. A la inversa, en lo que suele calificarse como polémica pública, se encuentran discursos que exhiben un grado relativamente bajo de polemicidad. La noción de *continuum* explica que, en la práctica, los intercambios se deslizan frecuentemente desde un punto al otro. Con todo, lo esencial aquí es que todas estas modalidades participan del *logos*, del discurso razonado que regula las relaciones sociales y la vida de la ciudad, incluso si el *logos* no se articula en todos los casos de la misma forma. Es en este sentido que la polémica es una modalidad argumentativa entre otras.

Pero si ella se funda en la oposición y la confrontación de tesis, ¿cuáles son las características constitutivas que distinguen la polémica del simple debate argumentado?

2. La especificidad de la polémica en el campo de la argumentación

Revisemos entonces la especificidad de la polémica en el campo de la argumentación, apoyándonos, por supuesto, en trabajos ya publicados como los de Felman (1979), Kerbrat-Orecchioni (1980), Maingueneau (1983, 2008), Garand (1998), Declerq, Murat y Dangel (2003), Plantin (2003), Angenot (1980; 2010), Albert y Nicolas (2010), y el número de la revista *Semen* (2011) sobre las "polémicas mediáticas", entre otros. Quisiera adelantar la siguiente definición: en tanto debate que confronta puntos de vista opuestos sobre una cuestión de interés público, la polémica se lleva a cabo mediante tres procedimientos constitutivos: la dicotomización, la polarización y el descrédito hacia el otro. En ese marco, la polémica es acompañada frecuentemente –pero no obligatoriamente– de pasión y de violencia verbal.

Retomemos. Si la polémica se distingue del simple debate, ello es así en la medida en que la oposición de los discursos es allí objeto de una clara *dicotomización* en la que dos opciones antitéticas se excluyen mutuamente. Como señala Dascal, mientras el debate argumentado debe supuestamente encaminar a los participantes hacia una posibilidad de solución, la dicotomización "radicaliza el debate, y hace difícil –a veces imposible– su resolución" (2008, 27). Dascal insiste en el hecho de que en las prácticas corrientes nos encontramos menos con dicotomías lógicas que con construcciones dicotómicas al servicio de objetivos argumentativos. En efecto, una dicotomía lógica es "una operación a través de la cual un concepto A, se divide en otros dos, B y C, que se excluyen uno al otro y recubren casi por completo el dominio del concepto original" (28). Ahora bien. Esta relación de exclusión pocas veces se presenta bajo su forma lógica pura. Si tomamos los ejemplos de izquierda/derecha, igualdad/desigualdad, justicia/injusticia, colectivismo/individualismo, pacifista/beligerante, tolerante/intolerante, rápidamente percibimos que esas oposiciones no son absolutas; ellas dependen de marcos socio-culturales, de creencias de base, de necesidades argumentativas, de circunstancias históricas, etc. (30). De allí que Dascal defina la noción de "dicotomización" como el hecho de "radicalizar una polaridad acentuando la incompatibilidad de los polos y la inexistencia de alternativas intermedias, subrayando tanto el carácter evidente de la dicotomía como el polo favorable" (34). Construir las oposiciones como dicotomías, como pares de nociones mutuamente excluyentes sin posibilidad de intermediaciones, lleva por lo tanto a bloquear toda posibilidad de solución, y a encerrar a las partes en un cara a cara en el que se establecen posiciones inconciliables.

La dicotomización suele acompañarse de una polarización que se define no en términos de oposición lógica sino de división social. La dicotomización exacerba las oposiciones hasta volverlas inconciliables: remite a una operación abstracta. La polarización efectúa agrupamientos en campos adversos: no es puramente de orden conceptual, sino social. En efecto, la polarización no solo presenta una división en blanco/negro, izquierda/derecha, sino que plantea además un "nosotros" frente a un "ellos". En tanto fenómeno retórico, escriben King y Anderson en un artículo ya clásico (1971), "la polarización puede definirse como un proceso a través del cual un público extremadamente diversificado se fusiona en dos o más grupos fuertemente opuestos y mutuamente excluyentes que comparten una gran solidaridad con respecto a los valores que el argumentador considera fundamentales" (1971, 244). En síntesis, la retórica de la polarización consiste en establecer campos enemigos y es, por ese motivo, un fenómeno social más que una división abstracta entre tesis antagónicas e inconciliables. De lo que se trata es de reunir a los participantes en un grupo que constituye una identidad.

La polarización no solo provoca un movimiento de reagrupamiento por identificación, sino que se esfuerza también por "consolidar la identidad del grupo presentando peyorativamente a los otros" (Orkibi 2008). Supone la existencia de un enemigo común, de modo que a la estrategia de afirmación positiva se añade una "estrategia de subversión" que viene a despreciar "el *ethos* de los grupos, ideologías e instituciones en competencia" (King y Anderson 1971: 244). Es por eso que la polarización emplea fácilmente maniobras de denigración (en inglés se emplea el término "vilification"). Se trata de una estrategia retórica que desacredita al adversario definiéndolo como alguien con una postura tomada, caracterizado por su mala fe ("ungenuine") y sus malas intenciones ("malevolent") (Vanderford 1989, 166). No es sorprendente, entonces, que la exacerbación de las oposiciones (la dicotomización) se concrete, en la práctica, en divisiones entre grupos antagonistas en los que cada uno establece su identidad social oponiéndose al otro y convirtiéndolo en símbolo del error y del mal.

La polarización inherente a la polémica suele acompañarse de la desacreditación del otro. Como insistía Catherine Kerbrat-Orecchioni en su artículo fundador de 1980, no hay polémica sin blanco, y ese blanco (sea un punto de vista o una persona que lo encarna) es objeto de un ataque verbal. Esta perspectiva de la desacreditación se añade a la refutación, que es inherente a la palabra polémica en su vertiente argumentativa: de acuerdo a Angenot, ella "supone un *contra-discurso antagónico* [...] que apunta a una doble estrategia: demostración de la tesis y refutación-descalificación de una tesis adversa" (Angenot 1982, 34). Es que, en efecto, dos partes de enfrentan en un intercambio verbal en el que cada uno debe al mismo tiempo "demostrar" y "refutar", aportar argumentos a favor de su tesis y en contra de la tesis adversa. No obstante, en la polémica no alcanza con la argumentación por el *logos*: se trata también de descalificar, de desacreditar el *ethos* del adversario para minar la confianza que puede acordársele. El argumento *ad hominem*, que no es más que uno de los instrumentos al servicio de este propósito de desacreditación, expresa claramente la naturaleza de este propósito. Lejos de colocar el discurso polémico por fuera de la argumentación, el ataque contra la persona del adversario se inscribe en el argumento ethótico (Brinton 1986), en referencia a una de las pruebas aristotélicas, la imagen de sí que cada uno construye en su discurso para la persuasión eficaz, y muestra que el otro no es creíble y que su autoridad es usurpada. En la polémica, el ataque puede ir desde lo implícito hasta la injuria, pasando por todas las formas retóricas de la desvalorización (como, por ejemplo, la ironía).

La polarización y su propósito de desacreditación explican que la polémica esté a menudo acompañada por la pasión y la violencia verbal. Esos son los rasgos más frecuentemente evocados en las definiciones del lenguaje corriente, como lo muestran los estudios lingüísticos sobre la prensa. La manifestación de afectos intensos y la escalada de violencia en los insultos dirigidos al adversario o a propósito de él van de la mano con el carácter hiperbólico de la polémica, esto es, su tendencia a las oposiciones absolutas e inconciliables, su capacidad para dividir profundamente al público sobre la base de una hostilidad mutua. La pasión y la violencia verbal no dejan de ser subsidiarias, en el sentido de que no son definitorias, ya que puede haber polémica sin una manifestación particular del *pathos*, incluso sin violencia verbal como insultos, groserías, etc. Por el contrario, no puede haber polémica sin una confrontación dicotómica y polarizante, en la que cada parte intenta desacreditar la posición o la persona del adversario.

El hecho de que la polémica participe de la argumentación retórica no significa que ella obedezca al ideal que la guía y que tradicionalmente le ha otorgado sus funciones políticas y sociales. Es sabido que la retórica insiste en la necesidad de establecer un "contacto entre los hombres" a través del intercambio de argumentos. El objetivo central del intercambio verbal consiste en actuar sobre el otro, haciéndolo adherir al propio punto de vista: una comunicación exitosa es aquella que logra su empresa persuasiva. Se trata de deliberar juntos sobre las cuestiones que determinan el futuro de la ciudad; en ausencia de una verdad absoluta científicamente demostrable, imposible de invocar en los asuntos humanos, es necesario lograr tomar decisiones comunes mediante el establecimiento de un acuerdo sobre lo que se considera "razonable", es decir, sobre lo que puede resultar plausible o aceptable (Perelman y Olbrechts-Tyteca 1970; Perelman 1979). Con ese fin, los razonamientos y los intercambios de argumentos son sometidos a condiciones de validez que se basan tanto en criterios lógicos como en criterios éticos: la argumentación debe ser dimensionada en función de la validez lógica de los argumentos presentados, pero también del respeto de las reglas de la discusión crítica. Existe una ética de la discusión que plantea que el acuerdo debe conseguirse a través de un diálogo razonado entre individuos libres y respetuosos de sus mutuos derechos. En suma, el fracaso de la comunicación argumentativa estaría vinculado con el fracaso de la razón y con la negativa a reconocer al otro como un interlocutor de pleno derecho. Desde esta perspectiva, la polémica sería la manifestación un fracaso flagrante de la persuasión en la medida en que no responde a los criterios de la comunicación basada en el objetivo de la mutua persuasión, en la primacía de la razón o en la ética de la discusión.

Pero si la polémica es la marca de un fracaso, si no es más que la distorsión del debate deliberativo, ¿cómo explicar entonces su omnipresencia en el espacio público? ¿Por qué los medios están atiborrados de polémicas, en qué sentido la polémica captura siempre nuestra atención? En lugar de lamentar la degeneración de la deliberación democrática o la decadencia del civismo democrático, propongo interrogar las funciones de la polémica en el espacio público sin evaluarlos a la luz del diálogo racional en busca de acuerdo.

3. El dispositivo de la polémica pública: más allá del modelo del diálogo

Para ello, en primer lugar quisiera retomar la definición de la polémica mediante un estudio de su dispositivo, a fin de mostrar con claridad en qué difiere del diálogo clásico. Parece, en efecto, que el éxito comunicacional siempre se mide en relación con el diálogo: dos instancias de locución se embarcan en un intercambio verbal en el que cada uno se propone persuadir al otro por la vía de la razón. Sin lugar a dudas, la polémica es profundamente dialógica, en el sentido de que se compone de discursos y contra-discursos. Pero no por ello está sometida a la estructura del diálogo, en el que dos interlocutores se responden cara a cara o en diferido. Para esbozar este modelo, es preciso situarse simultáneamente en dos planos: el plano estructural, en este caso actancial, y el plano de la enunciación. Con respecto al primero, es sabido, el dispositivo de la polémica no involucra dos instancias sino tres: el Proponente, el Oponente, el Tercero (Plantin 2003). Dado que las posiciones actanciales son estructurales, ellas no pueden ser modificadas: se trata de roles abstractos distribuidos en un par antitético, con una tercera posición que remite al público, al que se destina el despliegue de la confrontación. La polémica pública, de hecho, está siempre destinada a ser oída, vista o leída por un auditorio presente o virtual al que se intenta convencer (es por ello que tan fácilmente puede mutar en espectáculo o puesta en escena mediática). En el plano de la enunciación, es decir, en el plano de la práctica, los actantes aparecen concretizados en actores, individuos que ocupan el rol de Proponente, Oponente o Tercero. Es necesario diferenciar, en este punto, los casos en que un locutor produce un discurso monofónico en el que ataca a su adversario sin que haya verdadera interacción (un artículo de opinión, un discurso de tribuna…) de aquellos casos en los que hay interacción entre dos interlocutores que defienden posiciones contrarias (debate televisivo, discusión cara a cara…). Pero también hay que señalar que, en la escena pública, esas dinámicas duales son replicadas por otras, en las que se enfrentan una cantidad más importante de participantes: debates televisivos, sesiones parlamentarias, foros de discusión, que también son polílogos. Más aun, los numerosos discursos que concretizan las perspectivas del Proponente y el Oponente son mediatizados por los periodistas (Yanoshevsky 2003), que los reportan mediante una puesta en escena y una puesta en forma, y a veces integran en esa orquesta su propia voz (en los artículos de opinión o en los editoriales, por ejemplo). La circulación de los discursos en los que se oye la voz de una multiplicidad de locutores en configuraciones diversas es, así, el lugar en el que se elabora la polémica pública en tanto conjunto de discursos confrontados en torno a un problema social.

Estamos lejos de la estructura y de la lógica del diálogo. Salvo en los duelos electorales ritualizados, en los que un candidato debe predominar sobre el otro, los numerosos discursos que encarnan al Proponente o el Oponente no se organizan necesariamente en interacciones directas o en réplicas simétricas, en las que el contra-argumento sigue al argumento. Los enunciados se cruzan, o se desarrollan en paralelo, se repiten y se amplían, se dispersan y se subdividen. En ese espacio abierto y efervescente las recurrencias vienen a conformar argumentarios a los que se recurre en intercambios múltiples. Se trata de reagrupamientos de argumentos más o menos articulados entre sí, que sirven para justificar una u otra posición. Una vez constituidos, proveen un arsenal del que se nutren los diferentes locutores.

Veamos rápidamente un ejemplo. En la polémica sobre la prohibición de usar burka en Francia se enfrentaron, frente a un Tercero compuesto por todos los ciudadanos de la República, los partidarios de una ley en contra del uso del velo integral en el espacio público (el Proponente) y los defensores de la libertad de las mujeres musulmanas de llevar burka (el Oponente). Los actores que encarnan al Oponente son extremadamente diversos (en términos de grupos: musulmanes, asociaciones de derechos humanos, feministas, defensores de las minorías, intelectuales e investigadores…). Cada locutor toma la palabra desde una determinada plataforma para poner trabas a la promulgación de una ley prohibitiva y desacreditar a aquellos/as que la reclaman enfáticamente, en un agrupamiento identitario que agita las banderas de la tolerancia y la libertad, en contra de la intolerancia y la discriminación. La dicotomización de las posiciones conduce a una polarización que no se funda en la división en grupos o clases sociales sino en lo que se presenta como una escisión ideológica entre ciudadanos, que, sin embargo, se reconocen en su totalidad comprometidos con los principios republicanos. Entre los argumentos recurrentes en contra de la prohibición de la burka encontramos, formulado de maneras diversas, el argumento de la libertad individual, garantía de la democracia. Un internauta escribe: "EN DEMOCRACIA CADA UNO ES LIBRE DE VESTIRSE COMO QUIERE, ¿NO?" (publicación de Hassan Chef, 18 de junio de 2009, 18:48). Y otro: "Pero lo que más miedo me da es que en mi país las leyes hablen de la manera en que puedo o debo vestirme. Un poco más y nos imponen un uniforme a todos". Esta es la declaración de un grupo feminista, publicada en un blog:

> Denunciamos la idea ridícula de prohibir la burka. Al igual que la prohibición de las capuchas […] es parte de una lógica liberticida […]. No hemos terminado de prohibir si queremos meternos con todos los "símbolos" de la dominación masculina. En ese sentido, ¿por qué no prohibir aquellos símbolos que tantas mujeres blancas supuestamente emancipadas llevan encima: tacos altos, lápiz labial…?[10]

Vale la pena señalar que la argumentación polémica puede tomar prestadas algunas formas groseras o pasionales, en las que el recurso a argumentos racionales parece a primera vista ausente –lo que me permitirá rápidamente referirme a la cuestión de la ausencia de la racionalidad en la polémica pública–. La publicación: "Por la libertad de expresión y el derecho de las mujeres a vestirse como lo desean. A los hombres que usan chilaba por la calle nadie les dice nada!!!" puede parecer una explosión afectiva no argumentada, pero no por ello está menos fundada en la razón. En principio, descansa en un entimema: la libertad de expresión individual es intocable, la elección de la vestimenta forma parte de esa libertad, por lo tanto no debe prohibirse el uso de la burka ni el de la chilaba. Y: los dos sexos tienen los mismos derechos, los hombres están autorizados a usar una vestimenta característica de los países musulmanes, por lo tanto las mujeres están autorizadas a usar burka. Pero, sobre todo, el razonamiento subyacente se alimenta del interdiscurso al que reenvía. En efecto, las formas de argumentación incompletas con aroma a *pathos* se figuran como fundadas en la razón en cuanto se las reconstruye en relación a los argumentarios en los que se inscriben. Ellas son frecuentes en las polémicas en las que el espacio público está saturado de discursos y argumentarios que permiten intervenciones elípticas de fácil reposición.

Estos ejemplos fueron extraídos de un foro de discusión en el que muchos internautas se expresan sin necesariamente responderse de manera simétrica, y de un blog que cree hacer oír una protesta feminista en una respuesta indirecta a los defensores de la prohibición. Sin duda, también existen en el espacio público las interacciones uno a uno (debate entre dos individuos, intercambio de cartas abiertas, etc.). Sin embargo, están atrapadas en la circulación global de discursos que define a la polémica pública. Los formatos extraídos de internet son, en este punto, reveladores de un cambio de paradigma. En su seno, el modelo del diálogo debe ser reemplazado por el modelo que se dibuja con el polílogo y la circulación de discursos. En la multiplicidad de enunciados, en configuraciones diversas, la oposición entre el Proponente y el Oponente (la estructura actancial de base que ordena los discursos) es reconstruida por el periodista y/o percibida por el Tercero (el público) que cuenta los puntos. En suma, el modelo de la persuasión mutua a través de un diálogo de ostensible estructura racional no es en este caso pertinente.

---

[10] Collectif des Féministes Pour l'Égalité, "567 députés et 377 burqas – où est le problème?", en *Les mots sont importants.net* (Blog), 22 de mayo de 2010.

4. Objetivos de la polémica pública: gestión de los conflictos y retórica del *dissensus*

Desde esta perspectiva, la imposibilidad de la persuasión mutua no indica un fracaso de la retórica. Es que el objetivo de la polémica pública no es el acuerdo, sino más bien la gestión del conflicto, ritualizada hasta el extremo. Se trata de hacerse cargo de las rupturas, a menudo profundas, que dividen a los ciudadanos en una democracia pluralista en la que las opiniones, las creencias, los intereses, los ideales, las costumbres e incluso los valores de base pueden divergir profundamente. Esta gestión del conflicto tiene lugar en un marco de disenso, es decir, en el intento por subrayar la naturaleza y la incompatibilidad de los puntos de vista antagonistas que se disputan el privilegio de modelar el futuro de la comunidad.

Volvamos a las funciones de la polémica pública en la esfera democrática. ¿De qué sirve, de hecho, una retórica del *dissensus* que no permite encontrar respuestas comunes a los problemas de la sociedad y resolver conflictos? Algunos autores, como Albert y Nicolas (2010), sugieren que la polémica, por su mismo exceso, permite exponer los diferentes aspectos de las tesis en confrontación en beneficio de una opción razonada. Sin embargo, este punto de vista solo da cuenta de la dicotomización (y eventualmente de la pasión y la violencia) que caracteriza al discurso polémico, pero deja de lado la polarización y el descrédito.

Sin duda, cada una de las partes debe conseguir adeptos y movilizar la mayor cantidad posible de seguidores, ya sea para influir sobre la opinión común o, más directamente, para definir un voto. El objetivo de la persuasión permanece en el horizonte de la polémica, en tanto y en cuanto se trata de convencer a los representantes del Tercero –los simpatizantes, los indecisos, incluso aquellos que se ubican del lado del Oponente–. Seguimos dentro de la lógica democrática del triunfo de la mayoría. Pero no hay que olvidar que este proceso está vinculado a fuertes apuestas identitarias y a sistemas de valores divergentes, e incluso contradictorios. Es en este punto donde interviene el fenómeno de la polarización: la polémica crea, en la práctica, agrupamientos de individuos que se juntan alrededor de un mismo estandarte, a fin de oponerse al grupo de los representantes del Oponente, definidos como adversarios y tratados de manera hostil. De ese modo, la polarización profundiza las diferencias y exacerba las divisiones. Evidentemente, eso puede resultar deplorable. Pero debemos reconocer que esos agrupamientos identitarios son el preámbulo necesario de toda acción social y de toda lucha práctica. En efecto, el funcionamiento de las democracias no yace solamente en el debate argumentado. Allí intervienen también estrategias de fuerza y sistemas de presión que encuentran diferentes medios de expresión que, a menudo, van más allá de la pura palabra –manifestaciones, huelgas, diversas formas de lucha desplegadas por los movimientos sociales. La polarización asociada a la naturaleza dicotómica de la polémica es entonces un incentivo para la acción y la lucha común; los valores expuestos en una oposición marcada se convierten en las bases de una reivindicación social. El movimiento social es, claramente, una forma extrema, y no todas las polémicas desembocan allí. El modelo de la unión, propio de la protesta y la lucha común, no es menos central en los fenómenos de polarización y descrédito hacia aquel que se ataca.

Subrayemos además que en la polémica esa polarización se crea más allá y a pesar de múltiples divergencias: los actores que adoptan el rol de Oponente en relación con la prohibición del velo integral no forman necesariamente un grupo homogéneo y pueden sustentarse en valores divergentes. Es así como una joven con velo que aceptó debatir en la televisión con Jean-François Copé[11] alega que el uso del velo integral responde a la necesidad de seguir una ley religiosa que no debe ser puesta en cuestión: se trata del argumento de la obediencia incondicional a las reglas del culto y de la libertad de ejercer ese culto en una República. No obstante, los defensores de la libertad individual en tanto valor no negociable y aquellos que defienden la libertad de someterse a las tradiciones religiosas no se encuentran del mismo lado de la línea divisoria. Así, cada uno de los campos en disputa incluye una gran variedad de voces que se hacen oír una y otra vez en los intercambios polémicos, lo que no impide que los participantes, mediante la incriminación y la desacreditación de los otros, se solidaricen en la lucha y la protesta.

Más allá de esta dimensión, quisiera subrayar otra, que caracteriza específicamente a los casos de "desacuerdos profundos" (Fogelin 2005) o de "rupturas cognitivas" (Angenot 2002) que desgarran a una sociedad. Se sabe que la ley sobre la prohibición del chador en las escuelas públicas en 2004 no impidió el retorno de la polémica en relación con el caso de la burka, regulado por una ley en 2010 –que no se sabe si contribuyó a poner fin a las disensiones–. En Israel, la división entre los laicos y los religiosos moderados, por un lado, y los ultra-ortodoxos, por otro, es abismal. Es precisamente allí donde la polémica pública cumple una función que he denominado de "coexistencia en el *dissensus*". Esto irrita a más de uno: ¿cómo es posible hablar de coexistencia cuando la escucha respetuosa del otro es reemplazada por el descrédito, cuando el diálogo deviene lucha verbal sin concesiones? No obstante, es allí donde la polémica se hace necesaria como gestión de los diferendos en el marco de la exacerbación del disenso. En efecto, ¿qué se puede hacer en una situación en la que los individuos comparten un espacio con otros individuos dotados de los mismos derechos ciudadanos, pero sus visiones de mundo y sus modos de razonar están separados por una grieta infranqueable? Algunas veces se produce una escisión y una separación oficial de territorios. Puede darse la expulsión forzada de un grupo por el otro, o la dominación total, que apunta a silenciarlo. Finalmente se llega a la guerra civil, en la que los adversarios se convierten en enemigos y toman las armas. Pero también podemos pensar en la posibilidad de continuar coexistiendo sin violencia física y sin privación de derechos. Sin duda, la polémica pública, que perpetúa el disenso y la lucha, ofrece una forma de se-

---

[11] Jean-François Copé, parlamentario perteneciente al grupo UMP (Union pour un Mouvement Populaire) en la Asamblea Nacional e impulsor, en 2009, de una ley de prohibición total del velo [ASM].

guir compartiendo un mismo espacio, aunque el acuerdo parezca imposible. Si es aceptada e incluso ritualizada, y de esa forma contenida hasta en la violencia verbal, es porque impide que los adversarios que respetan los límites asignados por la democracia, y por lo tanto el derecho ajeno de defender legítimamente sus posiciones, se conviertan en enemigos que deben ser destruidos (Mouffe sostiene que la democracia debe permitir que los enemigos se transformen en adversarios). Desde esta perspectiva, la polémica pública es, sin ninguna duda, una de las posibilidades que nuestras democracias pluralistas dan actualmente para no caer en la anarquía y la violencia física. En este sentido, podemos decir que, paradójicamente, la retórica del disenso cumple, aunque de otro modo, la función que le asigna Chaim Perleman (Perleman y Olbrechts-Tyteca 1970): la de ser un medio para manejar la ciudad con la palabra y no con las armas.

Referencias bibliográficas

ALBERT, LUCE y LOÏC NICOLAS (eds.) (2010). *Polémique(s). Modalités et formes rhétoriques de la parole agonale de l'Antiquité à nos jours*. Bruselas: De Boeck-Duculot.

AMOSSY, RUTH [2000] (2010). *L'argumentation dans le discours*. París: Armand Colin.

AMOSSY, RUTH y MARCEL BURGER (eds.) (2011). "Polémiques médiatiques et journalistiques. Le discours polémique en question(s)". *Semen* 31.

ANGENOT, MARC. (1982). *La parole pamphlétaire. Typologie des discours modernes*. París: Payot.

ANGENOT, MARC (2002). "Doxa and cognitive breaks". *Poetics Today* 23(3): 513-537.

ANGENOT, MARC (2008). *Dialogues de sourds. Traité de rhétorique antilogique*. París: Mille et une Nuits.

BRINTON, ALAN (1986). "Ethotic argument". *History of Philosophy Quarterly* 3(3): 246-257.

DASCAL, MARCELO (2008). "Dichotomies and types of debates". En *Controversy and Confrontation*, editado por Frans van Eemeren, y Bart Garssen, 27-49. Amsterdam-Filadelfia: Benjamins.

DECLERCQ, GILLES, MICHEL MURAT y JACQUELINE DANGEL (eds.) (2003). *La parole polémique*. París: Champion.

FELMAN, SHOSHANA (1979). "Le discours polémique (Propositions préliminaires pour une théorie de la polémique)". *Cahiers de l'Association internationale des études françaises* 31, "La polémique à l'école romantique": 179-192.

FOGELIN, ROBERT [1985] (2005). "The logic of deep disagreements". *Informal Logic* 25(1): 3-11.

GARAND, DOMINIQUE (1998). "Propositions méthodogiques pour l'étude du polémique". En *États du polémique*, editado por Annette Hayward y Dominique Garand, 211-268. Montreal: Nota Bene.

HABERMAS, JÜRGEN [1981] (2001). *Théorie de l'agir communicationnel*. París: Fayard. [Trad. esp.: *Teoría de la acción comunicativa* I y II. Madrid: Taurus, 1999].

KERBRAT-ORECCHIONI, CATHERINE (1980). "La polémique et ses définitions". En *Le discours polémique*, editado por Nicole Gelas y Catherine Kerbrat-Orecchioni, 3-40. Lyon: Presses Universitaires de Lyon.

KING, ANDREW y FLOYD DOUGLAS ANDERSON (1971). "Nixon, Agnew and the 'Silent majority': A case study in the rhetoric of polarization". *Western Speech*: 243-255.

KOCK, CHRISTIAN (2009). "Constructive controversy: rhetoric as dissensus-oriented discourse". *Cogency* 1(1): 89-111.

MAINGUENEAU, DOMINIQUE (1983). *Sémantique de la polémique*. Lausana: L'âge d'homme.

MAINGUENEAU, DOMINIQUE (2008). "Les trois dimensions du polémique". En *Les registres. Enjeux stylistiques et pragmatiques*, editado por Lucile Gaudin-Bordes y Geneviève Salvan, 109-120. Louvain-la-Neuve: Bruylant-Academia.

Meyer, Michel (2008). *Principia Rhetorica. Une théorie générale de l'argumentation.* París: Fayard.

Mouffe, Chantal (2000). *The Democratic Paradox*. Londres-Nueva York: Verso. [Trad. esp.: *La paradoja democrática*. Barcelona: Gedisa, 2003].

Phillips, Kendall R. (1996). "The spaces of public dissension: reconsidering the public sphere". *Communication monographs* 63: 231-248.

Phillips, Kendall R. (1999). "A rhetoric of controversy". *Western Journal of communication* 63(4): 488-510.

Orkibi, Eithan (2008). "Ethos collectif et rhétorique de polarisation: le discours des étudiants en France pendant la guerre d'Algérie". *Argumentation et Analyse du Discours* 1. http://aad.revues.org/438 (Última consulta: 01/06/2015)

Perelman, Chaim (1979). "The Rational and the Reasonable". En *The New Rhetoric and the Humanities. Essays on Rhetoric and its Applications*, 117-123. Dordrecht: Reidel.

Perelman, Chaim y Lucie Olbrechts-Tyteca [1958] (1970). *Traité de l'argumentation. La nouvelle rhétorique.* Bruselas: Presses de l'Université de Bruxelles. [Trad. esp.: *Tratado de la argumentación. La nueva retórica*. Madrid: Gredos, 2009].

Plantin, Christian (2003). "Des polémistes aux polémiqueurs". En *La parole polémique,* editado por Gilles Declercq, Michel Murat y Jacqueline Dangel, 377-408. París: Champion.

Vanderford, Marsha (1989). "Vilification and social movements: a case-study of pro-life and pro-choice rhetoric". *Quarterly Journal of Speech* 75: 166-182.

Yanoshevsky, Galia (2003). "La polémique journalistique et l'impartialité du tiers". *Recherches en communication* 20: 53-64.

Diálogos de sordos: tratado de retórica antilógica*

Marc Angenot

Dividiré mi exposición en tres partes: presentaré en primer lugar la problemática global de mi tratado de retórica (Angenot 2008) y esbozaré luego dos ejemplos que ilustran mis investigaciones. Uno sobre la argumentación contrafáctica, y el otro sobre un tipo ideal de "lógica" argumentativa sobre el que he publicado hace tiempo un estudio específico: la lógica del resentimiento.

1. El "arte de persuadir" y la razón de los fracasos

Recientemente publiqué un tratado que intitulé *Diálogo de sordos*, subtitulado *Retórica antilógica*, en homenaje a una obra perdida del sofista Protágoras. Esa obra va sistemáticamente en contra de lo que se ha dicho y escrito históricamente en materia de discurso argumentado. Considero, a título de observador y de empirista, mediante la simple observación de los intercambios de "buenas razones", de convicciones y de opiniones, de los debates y disputas en un determinado estado de sociedad, que tanto las categorías seculares como el marco general de lo que se designa como "retórica" son absolutamente inadecuados; considero que, para analizar el discurso social, conviene, en la mayoría de los puntos, sostener lo contrario, y que hace falta además introducir nociones y procedimientos que los manuales ignoran sistemáticamente.

Mi libro parte, en efecto, de una sorpresa frente a una evidencia que no parece ser en absoluto percibida, y frente a una definición que es universalmente aceptada a pesar de ser evidentemente indefendible. Los manuales, tanto los antiguos como los actuales, definen inocente y clásicamente la retórica como "el arte de persuadir mediante el discurso" (Reboul, 1991:4). Esta definición solo pasa porque no nos detenemos a analizarla. Le opondremos algunas objeciones elementales: los humanos argumentan constantemente, es cierto, y en toda circunstancia, pero en los hechos la persuasión mutua es bastante rara. Del debate político a la pelea de pareja, y de esta a la polémica filosófica, esa es, en todo caso, la impresión constante que uno tiene. Esta constatación plantea una pregunta dirimente a esta ciencia secular de la retórica: no se puede construir una ciencia partiendo de una eficacia ideal, la persuasión, que no se presenta más que excepcionalmente.

---

* "Dialogues des sourds: Traité de rhétorique antilogique", conferencia inédita.

Formulada esta primera objeción, otra pregunta, muchas otras, vienen a mi mente: ¿por qué, siendo la persuasión un fenómeno tan anómalo, los humanos no se disuaden y persisten en argumentar? No solo los individuos y los grupos humanos fracasan generalmente en su intento de modificar las convicciones ajenas, sino que aparentemente nada los disuade de seguir intentándolo. Son capaces de sostener, en distintas controversias (filosóficas, religiosas, políticas, etc.), fracasos persuasivos repetidos indefinidamente.

¿Y por qué, en efecto, esos fracasos repetidos? ¿Qué es lo que no funciona en el razonamiento puesto en discurso, en el intercambio de "buenas razones"? ¿Qué podemos aprender de una práctica tan frecuentemente destinada al fracaso y, sin embargo, incansablemente repetida? Cuando los "sujetos hablantes" se involucran en una situación de comunicación, buscan lograr su objetivo, que es comunicar(se), y, en términos generales, uno admite que eso funciona. Pero cuando la gente, más específicamente, se pone a argumentar, lo que constituye una de las principales sub-categorías de la comunicación, la transmisión del "mensaje", no se produce nunca de forma adecuada: los interlocutores se encuentran rápidamente con que la parte adversa no solo no concluye de la misma manera que ellos y permanece extrañamente ajena a las pruebas expuestas, sino que razona *al revés*, y no respeta ciertas reglas fundamentales que hacen posible el debate. De modo que uno tiene la impresión –y esta es la gran cuestión en la que deberemos ahondar– de que cuando la persuasión falla, cuando el desacuerdo perdura, eso no se debe únicamente al contenido de los argumentos, o a las diferencias de percepción del mundo, sino a la forma, a la manera en que la persuasión se lleva a cabo, al modo de proceder y de seguir las reglas lógicas.

Son las diferentes "maneras de llevar a cabo" la persuasión lo que confronto en mi tratado.

De hecho, las teorías de la comunicación han pecado de optimistas en el siglo XX. Una psico-sociología de la *incomunicación*, del malentendido, emerge actualmente en el mundo anglófono y presenta un campo de investigación promisorio.

Según creo, más que plantearse como una ciencia idealizada de los debates bien regulados y de la persuasión racional, para observar el mundo tal como es y dar cuenta de él la retórica debe postularse como una ciencia de los desacuerdos persistentes y de los malentendidos que resultan del intercambio de "buenas razones".

¿Por qué los otros nos parecen tan a menudo irracionales?

Mi análisis sobre la argumentación en la vida pública desemboca en un cuestionamiento más amplio sobre la racionalidad de los discursos que se intercambian en la sociedad, cuestionamiento que se resume en la simple pregunta: *¿por qué "los otros" nos parecen tan a menudo irracionales?*

"Nos juzgamos recíprocamente de la misma forma: unos y otros, todos nos percibimos como unos locos". Así habla Saint Jérôme a propósito de las polémicas entre cristianos y paganos. Coloqué esa frase como epígrafe de mi tratado. Saint Jérôme, en efecto, tenía razón, al menos en este punto: los polemistas paganos, cuando hablaban de los cristianos, los refutaban en nombre de la razón, es cierto, pero sin imaginar por un momento que podían hacerse entender por esas personas absurdas, fanáticas, odiosas de la vida y privadas por los dioses de todo sentido común.

En mi libro no solo invoco a este padre de la Iglesia, sino también a Don Quijote. Es tal vez conocido el bello análisis de Antonio Gómez-Moriana sobre el encuentro de Don Quijote con los mercaderes, análisis que muestra la discordancia cognitiva entre humanos que se encuentran *en un mismo camino* como objeto-clave de la ironía novelesca en el nacimiento mismo del género. Don Quijote detiene a unos mercaderes que se cruzan en su camino para confesarles que Dulcinea del Toboso es la dama más bella del universo. Desconcertados por este bravucón, los mercaderes, que pertenecen a una mentalidad que podríamos llamar moderna, mercantil y práctica, le señalan al noble caballero que si él les exhibiera un camafeo o un retrato de la bella dama, ellos podrían juzgarla. A lo que el hombre de la Mancha replica virulentamente que si les mostrara un retrato de Dulcinea, no tendrían absolutamente ningún mérito en admitir lo que él afirmaba, y que les convenía reconocer las gracias de la dama en su propia palabra. Una lógica del honor feudal del arcaico Don Quijote se contrapone, en este diálogo de sordos, a una lógica "experimental" emergente y opuesta. Este episodio cómico es presentado por Cervantes, en las orillas de la modernidad, como el reencuentro de dos universos mentales no contemporáneos, *ungleichzeitig* hubiera dicho Ernst Bloch, que siempre resultarán absurdos e ilógicos el uno al otro.

Todos los tipos de ideologías que la ciencia política se aboca a describir, la causalidad diabólica del racismo y del antisemitismo (León Poliakov), el *Paranoid style* (Richard Hofstadter), el pensamiento gnóstico del socialismo revolucionario (Eric Vœgelin, *Wissenschaft, Politik und Gnosis*), los razonamientos de resentimiento nacionalistas y populistas (Nietzsche, Scheler), fueron calificados de "irracionales" entre sí; "irracional" es, en el fondo, un término de condena de las lógicas diferentes a la propia, término cuyo contenido varía según el posicionamiento del enunciador.

¿Por qué, si se supone que la razón humana es universal, los hombres se han chocado tan frecuentemente con incapacitados cognitivos y con "locos" argumentativos entre sus semejantes? ¿Por qué el lenguaje, que se supone debe juntar a los hombres, en cambio los encierra tan a menudo en la opacidad frustrante de la incomprensión mutua?

Hipótesis: cortes argumentativos, discordancias de lógicas

En el centro de mi reflexión sobre los intercambios de "razones" y los fracasos de la comunicación, las divergencias de las tomas de posición, los debates y las polémicas interminables que resurgen en la vida pública, sobre las dificultades de la comunicación argumentada y los fracasos de la persuasión, sobre sus tipos y sus causas, sobre el sentimiento, expresado no menos frecuentemente por unos y otros, de que nuestro adversario razona mal, circunscribo una hipótesis radical, que sostiene la existencia de *cortes de lógicas argumentativas*.

Si la incomprensión argumentativa refiriera banalmente al malentendido –mal entendido– alcanzaría con destaparse las orejas, con ser paciente y benévolo, con prestar atención. Pero ¿es posible que, en ciertos casos, esos casos que Jean-François Lyotard clasificaba como "diferendos" (Lyotard 1983), los humanos no comprendan sus razonamientos recíprocos por no emplear (o por no emplear completamente, habremos de establecer qué *quantum* de divergencias alcanza para bloquear un debate) un mismo *código retórico*? Esta noción de "código" supone que para persuadir, para hacerse comprender argumentativamente y para comprender al interlocutor hace falta disponer, entre las competencias desplegadas, de *reglas comunes* sobre lo argumentable, lo debatible, lo persuasible. Y que un problema más amplio surge si esas reglas no son reguladas por una universal, trascendental y ahistórica Razón, si esas reglas no son las mismas en todas partes y para todos.

El problema que planteaba al inicio puede ahora expresarse en los siguientes términos: los lenguajes públicos, las argumentaciones y los discursos que coexisten y se intercambian en un estado de sociedad se distinguen unos de otros, va de suyo, por la divergencia de puntos de vista, por la disparidad de cuestiones aceptadas y afirmadas, por la eventual incompatibilidad de los vocabularios y de los esquemas nocionales que dan forma a esos datos, por la discordancia de las premisas y de las conclusiones, por la oposición de los intereses que mueven a aquellos que los producen –todos elementos susceptibles de poner a prueba la postulada paciencia y buena voluntad de los interlocutores y de bloquear la discusión–, ¿pero no se dividen, acaso, en un sentido más radical e *insuperable*, por lógicas argumentativas heterogéneas, divergentes, irreductibles? Los discursos de la esfera pública, los "campos" ideológicos que coexisten en un determinado estado de sociedad ¿remiten todos a *la misma razón*, a la misma racionalidad argumentativa? Por lo tanto, ¿son pasibles de admitir los mismos criterios trascendentales de validez racional?

Mi pregunta apunta a interrogar si corresponde distinguir de la categoría que es constitutiva de la retórica de la argumentación –divergencias de ideas susceptibles de ser arbitradas por la discusión o de ser sometidas a la apreciación de un tercero que se supone no comparte los intereses enfrentados y que es capaz de evaluar, de sopesar las *razones* más o menos adecuadas a las tesis sostenidas–, una categoría de desacuerdos insuperables, fundada en el hecho de que las reglas mismas de la argumentación y los presupuestos fundamentales sobre lo que es "racional", "evidente", "demostrable", "cognoscible" no conforman un terreno común, situación en la que los adversarios terminan por percibirse mutuamente como unos "locos" y renuncian simple y muy *razonablemente* a discutir.

Según Aristóteles, el hombre es un animal racional, a excepción de los locos. El razonamiento conforme a la razón supuestamente responde a criterios precisos y, además, se supone que es *normal*. No obstante, estoy convencido de estar del lado de la lógica y la razón, y sin embargo no comprendo sus razonamientos en lo más mínimo, por lo que usted debe ser un "loco". Es un razonamiento adecuado el que me lleva a esa conclusión, incluso si, ciertamente, siento que peco de impiadoso y que voy a provocar su indignación. Los hombres tienden a considerar "irracionales" las creencias, las preferencias, las elecciones que no comprenden, y la distancia "ideológica" no genera menos sentimientos de irracionalidad que la distancia cultural.

Cortes afectivos

Los cortes retóricos también se revelan, casi siempre, como cortes afectivos: los argumentos del adversario nos parecen fuera del sentido común al tiempo que sus ideas nos chocan, nos hieren, nos indignan, nos desagradan, nos irritan, especialmente por el hecho de que no reconoce que está delirando. Pascal lo señalaba así:

> ¿Por qué no nos irrita un cojo, y un espíritu que cojea nos irrita? Porque un cojo reconoce que nosotros marchamos en línea recta, y un espíritu que cojea dice que somos nosotros los que cojeamos. (Pascal 1897, §80).

Polarización en dos "campos"

La propia polarización que se produce la mayoría de las veces suscita nuevas preguntas. ¿Por qué la razón "común", en una coyuntura y en un sector determinados, aplicada a un problema, parece engendrar típicamente una topografía con *dos polos*? ¿Y por qué esos polos se vuelven rápidamente "campos" irreconciliables que debatirán infinitamente y terminarán la mayoría de las veces en la injuria? Ese fenómeno es intrigante. Atraviesa, por ejemplo, la historia de la filosofía: sofistas y platónicos, escépticos y dogmáticos, relativistas y objetivistas... Si colocamos la mirada en un sector particular, constatamos el mismo fenómeno: a mediados del siglo XX, la filosofía del lenguaje se dividía en dos "campos": el primero era el de la *Ideal language philosophy* que incluía a Frege, Russell, Carnap, Tarski. Este se oponía a lo que se ha denominado la "filosofía del lenguaje ordinario" (Austin, Strawson, Grice)... La misma bipolarización divide también a la extrema izquierda moderna: allí se oponen, punto por punto, los anarquistas y los socialistas, calificados por los primeros de "autoritarios". Llega un momento en el que, ciertamente, la polémica sin cuartel pasa al olvido, sin haber llegado a un entendimiento ni haber superado los diferendos.

Más que evocar el carácter colérico y vengativo de la psicología humana, el carácter unilateral de las convicciones humanas —que hace que cada uno traiga agua para su molino—, convendría hallar hipótesis racionalmente sustentadas y sociológica o históricamente ilustradas. Dos campos polarizados: esto supone por lo demás la posibilidad de una tercera categoría, todavía más frustrada que los dos grupos oficialmente involucrados, la categoría del "tercero excluido" formada por aquellos que piensan que el asunto está mal planteado en su totalidad, que los campos adversos no se ponen de acuerdo porque plantean la cuestión de manera errónea, y que están idéntica y simétricamente equivocados.

Historicidad del razonamiento racional

Por otro lado, la imputación de irracionalidad suele aplicarse a cierto pasado cognitivo, argumentativo y demostrativo. La alquimia, la astrología, la geomancia, la frenología son "ciencias" devaluadas cuyos presupuestos, razonamientos y procedimientos se juzgan *a posteriori* como "irracionales" de cabo a rabo. Pero, debemos reconocer que "en sus tiempos" no lo eran.

El gran historiador americano de hace medio siglo Carl L. Becker había desarrollado el concepto de "climas de opinión" sucesivos en la historia de las ideas, entre los cuales la incomprensión es radical. Becker (1932) cita y analiza un pasaje de Tomás de Aquino sobre el derecho natural, un desarrollo sobre la monarquía en Dante: no es que el lector moderno esté en desacuerdo o piense diferente sobre esos temas, sino que se encuentra en un modo de razonar *radicalmente otro*, un modo que no puede más que considerar la otra postura como una aberración total. Se encuentra, para citar a Michel Foucault (1966), frente a "la imposibilidad nuda de pensar *aquello*". "Lo que me incomoda –escribe Becker– es que no sería legítimo señalar a Dante o a Santo Tomás por su poca inteligencia. Si sus argumentaciones nos resultan ininteligibles, ello no puede atribuirse a la falta de inteligencia. El hecho de que una argumentación consiga o no aceptación no depende entonces tanto de la lógica subyacente como del clima de opiniones en el que está sumergida" (Becker 1932, 5). Ese "clima" se define como un filtro que impone a Dante y a Santo Tomás un "uso particular de la inteligencia y un tipo especial de lógica". Sin duda, esa definición no deja de ser oscura, pero Becker pone el dedo sobre un hecho intrigante, omnipresente y descuidado. Coloca en ese "clima" las creencias literales sobre el relato del Génesis y una suerte de gnoseología *ad hoc*, según la cual "la existencia era concebida por el hombre medieval como un drama cósmico compuesto por un dramaturgo supremo que seguía una intriga central y un plan racional". ¿Qué queda de *la* razón y *la* lógica cuando son radicalmente alteradas por "climas" sucesivos ininteligibles entre sí? Tomás de Aquino no puede persuadirnos ni ser refutado por nosotros, ya que se vuelve, según Becker, *intraducible*. Ni siquiera se trata de la imposibilidad de referir a sus demostraciones frágiles o engañosas; ellas resultan simplemente ininteligibles racionalmente, es decir, desde la perspectiva de lo que consideramos racional. "The one thing we cannot do with the *Summa* of St. Thomas is to meet its arguments on their own ground. We can neither assent to them nor refute them. ... Its conclusions seem to us neither true or false, but only irrelevant".

El hecho de que pocos historiadores hayan abordado el problema de frente y planteado este tipo de preguntas no evita que permanezca latente en todo estudio del pensamiento sobre el pasado: todas esas teorías devaluadas –derecho divino de los reyes, privilegios de la Iglesia, jerarquía de razas– fueron sostenidas por personas inteligentes con fuertes argumentos y con demostraciones que parecían sólidas, irrefutables. Estudiar las argumentaciones teológicas de antaño, las teorías científicas perimidas, las visiones de mundo y las doctrinas sociales obsoletas implica muchas veces no comprender ni sus premisas ni sus procedimientos, y admitir al mismo tiempo que ellas supieron ser racionales, es decir, "fundadas, según aquellos que las defendían, en argumentos que les resultaban fuertemente aceptables".

Que las razones del pasado no nos resulten ya racionales no nos autoriza a dejarlas de lado, porque no es razonable pensar que el presente es el juez último del pasado, y no debemos soslayar el hecho de que en el pasado ciertas ideas, ciertas tesis pueden haber derivado de un esfuerzo sostenido de racionalidad, aunque esos razonamientos nos parezcan hoy absurdos. Así pues, la idea de "racional" tiene, para mí, un sentido netamente histórico: es el conjunto de esquemas que fueron aceptados en algún tiempo y lugar por personas que la sociedad consideraba especialmente sabias y razonables.

2. Los razonamientos no aristotélicos

Numerosos autores de manuales de retórica de ayer y siempre se parecen a esos médicos molierescos que se negaban a tratar la sífilis porque Hipócrates y Galileo no la habían descubierto. Es cierto que Aristóteles y sus sucesores no llegan a ver, por ejemplo, los razonamientos contrafácticos, tan frecuentes en la conversación corriente y en los *doctos*, es decir, los especialistas en "ciencias humanas" e históricas de nuestros días. Con ellos nos adentramos en un terreno ignorado de la tradición, que fue indagado por los lógicos y cognitivistas actuales con sus "teorías de los mundos posibles": alcanza con leer a los contemporáneos.

Incluyo en mi reflexión y en mis análisis aquellos tipos de argumentos totalmente frecuentes que no son entimemas (*topos* – aplicación – conclusión: si una cosa es absolutamente buena, la mayor cantidad de esa cosa es mejor; la libertad de expresión sin restricción es buena en términos absolutos, por lo tanto una libertad de expresión sin restricciones ni limitaciones de ningún tipo es excelente) ni esquemas dóxicos inferibles (toda madre ama a sus hijos; mi clienta es la madre del demandante, por lo que no puede haber querido hacerle daño).

Esos tipos de razonamientos no-entimemáticos tienen en el discurso una importancia enorme pero son ampliamente silenciados por los retóricos clásicos y modernos, que los ignoran o los pasan rápidamente por arriba: el razonamiento abductivo (es como si…), los razonamientos preventivos (lo que fue será…), los razonamientos apagógicos (por el absurdo) y también los contrafácticos (si la nariz de Cleopatra hubiese sido más corta…). Asimismo, en los tratados antiguos y contemporáneos las referencias al dilema y al razonamiento de ramas múltiples, al multiforme razonamiento por analogía o a la epítrope son casi siempre escuetas.

Marc Angenot

Ejemplo: el razonamiento contrafáctico

Los razonamientos que trabajan sobre mundos posibles o que razonan sobre el mundo empírico a partir de mundos posibles alternativos mediante imaginaciones *contrarias* a la empiria comenzaron a atormentar a los lógicos y cognitivistas alrededor de los años 70 (Lewis Carroll es un precursor de esta reflexión). Es como si, anteriormente, los filósofos y oradores retóricos no se hubieran dado cuenta, a lo largo de los siglos, de la frecuencia de estos modos de argumentar tan poco integrables a la lógica aristotélica. Los contrafácticos son "condiciones contrarias a los hechos". Los razonamientos que se denominan contrafácticos o covaracionales, e incluso los contrafácticos-absurdos o quiméricos ("¿Si Durkheim estuviera hoy aquí, cómo analizaría la situación…?") difieren mucho entre sí y la apreciación de su validez varía proporcionalmente. Pero todos hacen intervenir la ficción contraria a los hechos (no la imaginación hipotética sobre lo *real*, como en la abducción). Tanto como el razonamiento abductivo, el contrafáctico tiene, como se admite actualmente, un rol eminente en el descubrimiento científico.

Si hubiera llegado cinco minutos más tarde…, si no hubiera estado tan estresado…, si hubiera tenido los medios para…: son mojones de razonamientos ficticios que crean un mundo posible, en el sentido de un *mundo similar con una única variación, manteniendo idénticos los otros aspectos*. La estructura es la siguiente: si algo que no sucede sucediera, entonces algo distinto de lo que sucede se hubiera producido y sería verdadero; proposición que se supone verídica y profunda para algunos, pero bastante sonsa, o ni verdadera ni falsa, para otros —entre los cuales se encuentran muchos lógicos, pero no todos—. No veo qué consecuencia positiva sería *lógico* extraer de una proposición contraria a los hechos, y mucho menos cómo corregir con la razón lo que ya sucedió con el fin de alcanzar una conclusión práctica y positiva en el presente.

Lo posible tiene un estatus intermedio o de límite; no es lo real, pero tampoco es lo imposible: en todo momento, de hecho, lo real adviene y se actualiza mediante abanicos de posibilidades, todas iguales, de las cuales solo una se materializa. En todo momento, ese mundo empírico es producto, incluso de forma puramente azarosa, de una miríada de probabilidades, de modo que el resultado es, en el sentido corriente de la palabra, improbable. El vértigo de las probabilidades infinitas de las cuales nace el mundo real actual nos lleva a la siguiente reflexión: el planeta Tierra, la vida orgánica, los organismos complejos, el género *homo sapiens sapiens* son resultado de una acumulación de millones de improbabilidades.

Previo al momento *x* en el que tomé una decisión, podría haberme dirigido a mi trabajo por dos o tres itinerarios igualmente posibles, y el hecho de haber optado por uno no convierte a los otros menos posibles *a posteriori* y no los excluye de lo real. Esto, creo, debe englobar a ese pasado que no ha sucedido aún. Y esto a despecho de lo que se conoce como la *falacia a posteriori*, que sugiere equivocadamente que lo que efectivamente sucedió (en la Segunda Guerra Mundial triunfaron los Aliados y no el Eje) era, *por lo tanto*, altamente probable o incluso fatal, y que podemos aislar los otros escenarios. Es que, justamente, lo que aboga a favor de este sofisma no es un asunto de lógica sino de *imaginación*, o más bien de bloqueo imaginativo. Simplemente no puedo imaginar un mundo posible en el que Hitler hubiera forzado a los Aliados a capitular, menos aún que ese pudiera ser *mi* mundo. Y, en tanto impensable, como lo es ciertamente para mí actualmente, lo considero retroactivamente imposible. ¡He aquí una gran falta de lógica!

En todo momento, la historia –tanto la grande como la pequeña– se bifurca y solo se actualiza una posibilidad. La bala de Lee H. Oswald da un golpe mortal al presidente de Estados Unidos, pero podría haber fallado o haberlo golpeado pero no de gravedad. En un momento x-1, anterior por un segundo, el hecho de que J.F. Kennedy se moviera algunos centímetros y no fuera alcanzado mortalmente era una "posibilidad real", como dice con mucho acierto el lenguaje ordinario. ¿Si la fuga de Varennes hubiera triunfado? ¿Si Napoleón hubiera ganado en Waterloo? ¿Si los nazis hubieran ganado la guerra? ¿Si J. F. Kennedy hubiera sobrevivido al atentado en Dallas? ¿Qué podemos extraer de esa premisa contrafáctica y de la inferencia que le sigue que resulte interesante y pertinente para el mundo real, en el que Napoleón y Hitler sí fueron vencidos? Parece que algunos historiadores comenzaron a indagar en los contrafácticos. Todo razonamiento variacional sobre el pasado posee ese estatus ambiguo entre lo significativo y lo absurdo. De hecho, ningún historiador, ni siquiera el más "serio", puede evitar esbozar un pasaje sobre "¿qué hubiera pasado si...?", pero, en la medida en que es serio, simplemente no insiste, sino que va a los hechos; no desarrolla esa hipótesis en extenso ni va hasta el fondo de lo contrafáctico, porque justamente *no hay fondo*.

3. Lógicas modernas e ideologías: cuatro tipos ideales

En mi tratado desarrollo la descripción de cuatro grandes tipos de estrategias retóricas distintas y probadas, recogidas a lo largo de mis investigaciones sobre el pensamiento político y social de los dos últimos siglos, tipos que, como veremos a continuación, han sido más o menos identificados por otros investigadores con formaciones, objetos de estudio y preocupaciones diversas. Si bien en mi trabajo sobre los siglos XIX y XX me he chocado regularmente con esas divergencias e incompatibilidades lógicas, al igual que la mayoría de los historiadores de las ideas (aunque ellos en general no ahondan en el problema), no pretendo que las cuatro categorías que construyo empíricamente –la retórica reaccionaria, la lógica del resentimiento, la lógica inmanentista-instrumental, la razón utópico-gnóstica– agoten todas las formas posibles de tendencias divergentes de razonamiento. Estas cuatro lógicas constituyen, desde mi punto de vista, las formas predominantes y sobresalientes, las que tienen mayor pregnancia y las más claramente polarizadas en la historia moderna. Estos tipos de estrategias retóricas configuran idiosincrasias argumentativas que fueron y son acompañadas de la sensación, no menos acreditada "por fuera", de que nos encontramos frente a modos de pensar engañosos, "ilógicos", que llevan a conclusiones truncas o absurdas solo pasibles de predicarse frente a los convencidos. Pienso que la historia de las ideas políticas y sociales se esclarece si podemos demostrar que la topografía inestable que la divide, topografía siempre en mutación que sufre reacomodamientos y rectificaciones fronterizas, ha sido y continúa siendo, en el largo plazo, el espacio de confrontación de "lógicas" inaceptables entre sí.

La lógica del resentimiento

No es mi interés resumir aquí a grandes trancos mis análisis ni pasar revista de los tipos y sub-categorías propuestas en los cientos de páginas de mi tratado. Me detendré por lo tanto en ilustrar mis investigaciones sobre una de las lógicas descritas: su centralidad en las ideologías comunitarias y victimalistas, tan expandidas hoy en día, justifica su estudio en particular. Se trata de la "lógica del resentimiento", cuyas características fundamentales me dedicaré a esbozar en las próximas páginas.

Califico como "resentimiento", siguiendo a Nietzsche y a Max Scheler, a un modo de producción de sentido, de valores, de imágenes identitarias, de ideas morales, políticas y cívicas que descansa en una serie de presupuestos y que apunta a la subversión de los valores dominantes –*Umwertung der Werte* (Scheler 1912)– y a la absolutización de valores "otros", inversos a los predominantes, valores que se suponen propios de un grupo desposeído y reivindicador. Así, la retórica del resentimiento estará al servicio de un fin concomitante: mostrar la situación presente de ese grupo como una injusticia total, persuadir sobre la inversión de los valores y explicar la inferioridad de condiciones de los propios expandiendo *ad alteram partem* las desgracias sufridas.

Si el éxito "secular" no es *lógicamente* prueba necesaria del mérito, la lógica del resentimiento extrae de esa regla la tesis de que la falta de éxito en este mundo es, por lo contrario, indicio suficiente de mérito. El pensamiento del resentimiento postula que la superioridad adquirida en el mundo tal como es constituye un indicio de bajeza "moral", que los valores pregonados por los dominantes o los privilegiados, despreciables en sí mismos, deben ser rechazados y denostados en bloque, que toda situación subordinada, todo fracaso, toda situación de litigio da derecho a esgrimir el noble estatus de víctima, que toda desventaja en este mundo se transmuta en mérito y redunda en quejas con respecto a los supuestos privilegiados, lo que permite una inversión que niega el orden de cosas existente.

La revuelta moral de los esclavos comienza cuando el *resentimiento* en sí mismo se vuelve creador y da origen a valores: la lógica del resentimiento se define según Nietzsche como un modo de producción de valores, como un posicionamiento "servil" con respecto a los valores, pero es una producción que busca sustentarse en argumentaciones específicas, retorcidas y juzgadas, desde afuera, como "sofísticas". De hecho, hay razonamiento en la lógica del resentimiento, incluso largos razonamientos, pero todos ellos parten de un axioma: este mundo en el que me siento débil y sufro dificultades *no es el verdadero mundo*. Los valores que predominan en este mundo son imposturas a los ojos de un Árbitro trascendente que habré de inventar e invocar. En el corazón del resentimiento encontramos una axiología invertida o alterada, dada vuelta: la bajeza y el fracaso son indicios del mérito y de la superioridad en este mundo, los instrumentos y los productos de esa superioridad son condenables por la misma naturaleza de las cosas, en tanto han sido usurpados y al mismo tiempo devaluados a los ojos de algún tipo de trascendencia moral construida por el propio resentimiento. La axiología del resentimiento radicaliza y al mismo tiempo *moraliza* el odio hacia los dominantes.

Percibimos, con Nietzsche, la filiación directa entre las ideologías seculares del resentimiento y el "pensamiento religioso" como tal, es decir, como pensamiento de desconsideración del mundo terráqueo, es decir, como distorsión del vínculo entre el sujeto y este mundo mediante la invocación de Otro Mundo, de otro orden de cosas más *verdadero*, lo que desprovee al mundo empírico de la única característica que le es propia: que no podemos más que quererlo, y quererlo tal cual es. La posición del resentimiento puede acercarse en este punto a la "gnosis", en el sentido que Eric Vœgelin le otorga a ese término en referencia a las ideologías reaccionarias modernas. Es la dimensión "gnóstica", denegatoria de este mundo terráqueo, que se postula como obra de un demiurgo malvado, lo que opera como la eventual puerta de entrada del resentimiento en las ideologías revolucionarias (Vœgelin 1938).

En los discursos del resentimiento funciona asimismo una *dialéctica erística* elemental, algo así como *El arte de tener siempre razón* (conocemos ese título a partir de un opúsculo de Schopenhauer), el arte de ser inaccesible a la objeción, a la refutación o a las antinomias que pudieran dirigírsenos, lo que conforma un dispositivo inexpugnable y una reserva inquebrantable (ver, por ejemplo, ciertos nacionalismos con perpetuaciones demagógicas). Siempre perdemos, existen daños históricos que nunca fueron subsanados, cicatrices que dan cuenta del pasado y sus miserias, el supuesto grupo dominante está siempre allí, con su hostilidad y su desprecio, y —si no conseguimos librarnos totalmente de él y aniquilarlo mediante alguna especie de "solución final"— siempre mantiene alguna ventaja que obstaculiza la imagen favorable que quisiéramos tener de nosotros mismos y de los nuestros. Hay algo "diabólicamente" simple en el razonamiento del resentimiento. En la lógica ordinaria, los fracasos invitan a volver sobre las hipótesis y a corregirlas. Es la regla de oro del método científico. En la lógica del resentimiento, *los fracasos no son prueba de nada*, al contrario, animan el sistema, se transmutan en tantas otras pruebas supererogatorias de que tenemos razón y de que "los otros" nos colocan siempre palos en la rueda. Un sistema en el que las desmentidas de la experiencia no ponen jamás en duda los axiomas sino que los refuerzan es un sistema *inexpugnable* en su estructura.

Atribuirse méritos no reconocidos, toparse permanentemente con obstáculos que bloquean el despliegue del propio potencial, rebelarse contra la injusticia de esa situación: ¡no hay resentimiento en todo eso! Pero evidentemente habría que distinguir, y es complejo, este tipo de reflexión de su *inversión engañosa*, que consiste en concluir: no llego a ningún lado, *por lo tanto* tengo méritos; a otros les va bien mientras yo fracaso, *por lo tanto* su éxito se debe a que tiene ventajas que me fueron robadas. Ahora, la predilección por cierto tipo de razonamiento engañoso alcanza para marcar –sociológicamente– un obstáculo de "naturaleza", un corte entre los que piensan *de ese modo* y sus contemporáneos. Volvamos por un instante al razonamiento antisemita. ¿Qué decía, en resumen, Edouard Drumont sobre sus enemigos, los judíos? A *ustedes* les va bien en esta sociedad moderna en la que *nosotros*, franceses de estirpe, que además somos mayoría, no estamos en condiciones de imponernos, de resaltar nuestros propios valores y de hacerles competencia, *por ende ustedes están equivocados* y la lógica social que favorece su éxito, por la misma razón, es ilegítima y despreciable. Y mientras mayores sean sus éxitos y nuestros fracasos, más se pondrá de manifiesto su infamia y más los condenaremos.

El resentimiento y el pensamiento conspirativo

La imbricación constante entre el pensamiento conspirativo y los razonamientos de resentimiento impone fusionarlos en un solo tipo; podríamos demostrar, con abundantes *exempla* históricos bien probados en la modernidad, que ambos forman un todo indisociable, precisamente lo que yo denomino una "lógica". León Poliakov, entre otros, calificó esa lógica *sui generis* como "causalidad diabólica", una lógica temible que ubica en el "origen de las persecuciones" y cuya finalidad es identificar un enemigo que será excluido de la comunidad humana por sus actos y sus ideas. Los males del mundo deben atribuirse a una entidad maléfica y disimulada, a un grupo que anhela y hace el mal por el mal (Poliakov 1980). Esta lógica no puede sino vincularse con aquella, secular, del *chivo expiatorio* develada por René Girard (1982). Este pensamiento conspirativo ha llamado la atención de los retóricos porque es particularmente argumentativo y racionalmente elaborado. Las ideologías del resentimiento han sido y son grandes fabuladoras de razonamientos conspirativos. Los auto-atribuidos adversarios no dejan de urdir tramas y de tender trampas, y como esas tareas maliciosas no son jamás confirmadas mediante la observación, hay que suponer una inmensa conspiración. La visión conspirativa del mundo va de la mano con el razonamiento del resentimiento: por el hecho de que algunos parecen tener una posición de ventaja y son objeto de una envidia impotente se les atribuye un malévolo proyecto de dominación (vano sería mostrar que su éxito es en cierta medida *inocente*), un objetivo último de hiperdominación y de saqueo total de las desventajadas víctimas.

La categoría extra-psiquiátrica de *paranoia* ha adquirido, en la ciencia política norteamericana y a partir del trabajo clásico de Richard Hofstadter, *The paranoid style in American Politics* (1965), un sentido estable, que se enseña en la universidad y que hace referencia a ciertas tendencias culturales nacionales. Lo que el pensador norteamericano describía en ese famoso libro es lo que denomina un "estilo de pensamiento" expandido, marcado por "razonamientos exagerados", por un espíritu de sospecha y por fantasías conspirativas ("conspirational fantasies"). Muchos politólogos norteamericanos diagnostican, en la cultura política actual, un fuerte resurgimiento de una "lógica paranoide", de la que las tesis conspirativas tanto de izquierda como de derecha serían un síntoma. Inicialmente Richard Hofstadter había asimilado ese estilo paranoide a la "extrema derecha", pero a partir de allí se ha extendido como una mancha de aceite: "el 80% de los norteamericanos piensa que el gobierno oculta la verdad sobre la existencia de vida extra-terrestre" (Taguieff 2005, 31). La ventaja del abordaje retórico, a diferencia de las imprecisas categorías de los politólogos, es que este desagrega esquemas de razonamiento que aparecen y caracterizan a una determinada tendencia de pensamiento, en lugar de etiquetarlos como "creencia", "insensatez" o "paranoia" y de crear *cajas negras* sin valor explicativo.

De la conspiración iluminista inventada desde la emigración por el Abate Barruel para explicar la Revolución Francesa de inicio a fin a la conspiración jesuita repudiada por los liberales en los tiempos de la Restauración, siguiendo por la conspiración judeo-masónica de fines de siglo y finalmente por la conspiración de los únicos "sabios de Sion", la explicación conspirativa del curso de las cosas que anima ideologías contradictorias y antagonistas debe considerarse *globalmente* en la confrontación de ideologías diversas y en la recurrencia de determinados modos de razonar.

El pensamiento conspirativo moderno se remonta, en efecto, a un texto preciso: el gran libro del Abate Augustin Barruel, *Memorias para servir a la historia del jacobinismo*, publicado en Hamburgo en 1978. Barruel presentaba la siguiente explicación sobre el problema del mal de sus tiempos: "Desde los primeros días de la revolución francesa se manifestó con el nombre fatal de Jacobinos, una secta que enseña y sostiene *que todos los hombres son iguales y libres*. (…) ¿Pero, qué gente es esta que parece ha vomitado el abismo en un momento, y se ha presentado con sus dogmas y aceros revolucionarios, con sus proyectos y medios, con sus planes y resoluciones las más feroces que han visto los siglos?" (1870, vi-vii).

En sus inicios, el punto de partida del razonamiento conspirativo tiene cierta lógica, en el sentido banal de la palabra: identificada una serie de eventos desagradables, busquemos las causas o, mejor, más simple y claro: la Causa. Y, para ello, despejemos las "cortinas de humo". El Complot descubierto permitirá ingresar en el terreno de lo racional y lo explicable aquello que justamente en principio resulta desolador e inexplicable. En ese sentido, y esto es innegable, es producto de un esfuerzo de racionalidad, tiene una función cognitiva, por más desviada que esta esté. Descubrir la "verdad" luego de una larga "búsqueda" permite abrir los ojos y ver las cosas desde un ángulo nuevo y *simplificado*: frente al sufrimiento que me provoca constatar mis diversos males, frente a la sensación de opresión sin saber por quién ni por qué, descubro que no hay más que una causa secreta y última para mi infelicidad y la de estos tiempos: "Todo fue previsto, meditado, resuelto, estatuido…". Las banales apariencias, las pequeñas explicaciones parciales no eran más que cortinas de humo. Un sentimiento de alta clarividencia anima a los adherentes a las ideologías conspiratorias, exasperados por las resistencias de los incrédulos que obstinadamente dudan de una tesis deslumbrante, conclusiva y límpida, corroborada por una acumulación de hechos y pruebas. Se entregan a arduas investigaciones, desentierran documentos reveladores, testimonios oscuros y sus esfuerzos son recompensados por grandes certezas, por la sensación de progresar, de acercarse a una revelación. Las "apariencias" esconden una "verdad" a la vez deslumbrante, misteriosa y embrollada; un plan de conquista del mundo (porque siempre terminamos en ese objetivo último que le atribuimos al enemigo del pueblo) es la verdad oculta detrás del curso desastroso de la sociedad.

Para finalizar sin concluir

El mundo en su facticidad no dice ni demuestra nada, no razona. Para argumentar sobre el mundo hace falta en primer lugar simplificarlo y ordenarlo. Para ello, hay que disponer de criterios de planificación y de eliminación. Luego, hay que confrontar esos criterios con unos *irreales* –nociones, tipos, valores, paradigmas, esquemas de los que disponemos–. Existen sin duda fenómenos regulares en el mundo, pero no existen razonamientos que *emanen* de ellos. Nada nos garantiza la adecuación entre las cosas y las palabras, entre los procesos y las inferencias: es precisamente por ello que argumentamos. Lo universal (los valores universales) no está dado y hasta es, creo, del orden de lo contrafáctico, deriva de razones apagógicas instauradas en contra del curso de las cosas.

Creo que toda reflexión sobre el ejercicio de la razón y su puesta en discurso debe englobar y explicar los razonamientos de sentido común y la capacidad casi ilimitada del teólogo, del nazi o del paranoico para acumular razones quiméricas o imbéciles que parecen concebidas para oscurecer y distorsionar su relación con el mundo. Esa reflexión debe postular que, si no la Razón ontológica, al menos la actividad de razonamiento sirve tanto para esconder el mundo, para ocultarlo sustituyéndolo por *seres de razón* y para negar los infortunios de lo real como para aprehenderlo lúcidamente y mirarlo de frente.

Ese mundo es improbable. A fuerza de intentar ser rigurosamente racionales frente a él, simplemente corremos el riesgo de extraviarnos. Es lo que afirmaba en un famoso aforismo el escéptico y contra-revolucionario Rivarol, en el que encontramos la antigua sospecha sobre la irracionalidad inherente a la lógica inflexible y poco sagaz: "De certeza en certeza, de claridad en claridad, el espíritu no puede llegar más que al error".

Si me dispusiera a razonar sobre esta molesta situación, podría decir: o bien la razón no es un instrumento confiable para conocer el mundo, o bien el mundo es intrínsecamente irracional. Como es difícil calificar sin preámbulos al mundo como irracional, termino por aceptar que el ejercicio de la razón en el que se postula una racionalidad excesiva frente al mundo y se la aplica "parte por parte" representa un uso poco razonable de mi propia razón. En ese punto la argumentación retórica excede constantemente lo verificable: el orador, el político, el abogado, el militante siempre intentan poner demasiadas palabras en el mundo, convencer y explicar demasiado, dar explicaciones demasiado claras y coherentes. Ese *demasiado* es esencial a lo retórico.

Referencias bibliográficas

ANGENOT, MARC (1996). *Les idéologies du ressentiment*. Montreal: XYZ.

ANGENOT, MARC (2008). *Dialogue des sourds. Traité de rhétorique antilogique*. París: Mille et une nuits.

BARRUEL, AUGUSTIN (1798-1799). *Mémoires pour servir à l'histoire du jacobinisme*. Hamburgo: Fauche. [Trad. esp.: *Memorias para servir a la historia del jacobinismo*. Traducido por el Fr. Raymundo Strauch y Vidal. Barcelona, 1823].

BECKER, CARL (1932). *The Heavenly City of the Eighteenth-Century Philosophers*. New Haven: Yale University Press.

FOUCAULT, MICHEL (1966). *Les mots et les choses*. París: Gallimard.

GIRARD, RENÉ (2002). *Le bouc émissaire*. París: Livre de poche.

HOFSTADTER, RICHARD (1965). *The Paranoid Style in American Politics*. Nueva York: Knopf.

LYOTARD, JEAN-FRANÇOIS (1983). *Le différend*. París: Minuit.

PASCAL, BLAISE (1897). *Pensées* (edición de Léon Brunschvicg). París: Hachette. [Trad. esp.: *Pensamientos*. Buenos Aires: Sudamericana-Fondo Nacional de las Artes. Traducido por Oscar Andrieu, 1971].

POLIAKOV, LÉON (1980). *La causalité diabolique. Essai sur l'origine des persécutions*. París: Calmann Lévy.

REBOUL, OLIVIER (1991). *Introduction à la rhétorique*. París: PUF.

SAINT JÉRÔME (1951-1982). *Correspondance*. París: Belles Lettres, vol. 8.

SCHELER, MAX (1912). *Über Ressentiment und moralischen Werturteil*. [Trad. esp.: *El resentimiento en la moral*. Madrid: Caparrós, 1993].

SCHOPENHAUER, ARTHUR (1990). *L'Art d'avoir toujours raison, ou Dialectique éristique*. Strasbourg: Circé. [Trad. esp.: *El arte de tener razón*. Madrid: Alianza, 2002].

TAGUIEFF, PIERRE-ANDRÉ (2005). *La foire aux illuminés. Ésotérisme, théorie du complot, extrémisme*. París: Mille et une nuits.

VŒGELIN, ERIC (1938). *Die politische Religionen*. Viena: Bermann Fischer.

Las dos restricciones de la polémica*

Dominique Maingueneau

Mi situación con respecto a la polémica es un poco particular, dado que mi interés por esta cuestión no es reciente. Fue durante los años 70 que llevé a cabo una larga investigación sobre este tema[12], en la que me volqué sobre todo hacia el discurso religioso. En aquella época la relación polémica estaba todavía poco estudiada. Ahora bien, con la creciente influencia de las corrientes pragmáticas e interaccionistas, este tema se encuentra actualmente en el corazón de la reflexión sobre los textos, y más ampliamente, de la reflexión sobre el sentido. Se comprende fácilmente que la afirmación multiforme de un dialogismo inherente al lenguaje le imprime a esta cuestión una intensidad considerable.

Revelador de este movimiento es el epígrafe con el que Oswald Ducrot había ornamentado la revista *Semantikos*, que defiende una concepción pragmática de la semántica: "El hombre es un lobo para el hombre". Vale señalar que la reflexión actual sobre la polémica se desarrolla en un marco bastante diferente al de los años 70.

De modo simplificado, puede decirse que mi investigación se interesaba ante todo por la identidad semántica de un posicionamiento, a partir del principio según el cual esa identidad se constituye, en un campo discursivo determinado, a través del interdiscurso. Semejante tarea neutralizaba la dimensión diacrónica de los intercambios polémicos, que eran referidos a un sistema estabilizado de operaciones y categorías semánticas. La polemicidad (contrapongo aquí, siguiendo a Frédéric Cossutta, "polemismo" y "polemicidad"[13]) se enraizaba en la constitución misma de los posicionamientos antagonistas, aunque su despliegue en el tiempo era dejado de lado. La distinción entre "polemismo" y "polemicidad" se atenuaba.

Los desarrollos actuales tienden, por el contrario, a privilegiar la dinámica de las controversias, el encadenamiento interactivo de las intervenciones, que son sometidos a una

---

*Maingueneau, Dominique (2000). "Les deux ordres de contraintes de la polémique". En *La polémique en philosophie*, editado por Ali Bouacha y Frédéric Cossutta. Dijon: Editions Universitaires de Dijon. Agradecemos a Frédéric Cossutta por su autorización para publicar este artículo.

[12] Investigación que finalizó con una tesis de Estado en lingüística en 1979: *Sémantique de la polémique. Du discours à l'interdiscours. Etude d'un intertexte religieux de XVII° siècle* (Université París X-Nanterre).

[13] Cossutta distingue el *polemismo* (nivel constitutivo de una adversidad estructural entre dos posicionamientos), la *polemicidad* (las múltiples manifestaciones textuales de esa adversidad) y la *polémica* (el despliegue del conflicto en un determinado tiempo y género discursivo) (2000, 175) [ASM].

red ajustada de normas de discurso constantemente renegociadas. Particularmente significativa es la manera en la que la pragmática filosófica de Marcelo Dascal plantea el carácter constitutivo de las polémicas[14]. Aquí la polemicidad pasa a primer plano y la relación agónica es reconocida como tal por los interactuantes, tomada en rituales inscritos en una suerte de "historia conversacional". Tal perspectiva lleva a desestimar los textos –"disputas", "discusiones" y "controversias", en términos de Dascal– que no llevan marcas de polemicidad.

Encontramos allí dos perspectivas muy diferentes, porque una se orienta al dialogismo *constitutivo* de los posicionamientos, y la otra al dialogismo *mostrado*. Algunos podrían verse tentados a pensar que de una a otra hay "progreso": luego de una fase estructural habríamos finalmente aprendido a tomar en cuenta el carácter interactivo de la relación polémica, evolución que habría participado del paso de una concepción "monológica" a una concepción "dialógica" del lenguaje. De hecho, me parece poco razonable elegir entre esas dos perspectivas, que ponen en evidencia dos dimensiones irreductibles de toda polémica. La cuestión es, más bien, saber cómo esas dos perspectivas se pueden articular.

Para la comprensión de lo que sigue, debo exponer brevemente las grandes líneas de la perspectiva que ha guiado mi investigación sobre este tema. Solo consideraré las polémicas incluidas dentro de lo que Dascal llama "controversias", es decir, las polémicas que involucran amplios desafíos, "largas, inconclusivas, reciclables en el curso de la historia, polémicas que no se quedan nunca en los detalles sino que tocan inmediatamente los fundamentos, que ponen en juego una diferencia profunda" (1995, 105).

Abocado a estudiar la controversia entre las dos corrientes religiosas más importantes en Francia en el siglo XVII, el humanismo devoto y el jansenismo[15], se me fue imponiendo progresivamente la idea de que la unidad de análisis pertinente no era cada posicionamiento considerado en sí mismo (una "formación discursiva", una "doctrina", etc.) sino el interdiscurso a través del cual estos se constituyen y se mantienen en un campo discursivo determinado. No podía tratarse, entonces, de distinguir entre una semántica "interna" –de cada posicionamiento aprehendido en su ipseidad–, y una semántica "externa" –la relación que un posicionamiento mantiene con el posicionamiento adverso, con el que se encontraría de manera contingente–. En un modelo que responde a esta exigencia de interdiscursividad radical, cada uno de los posicionamientos se construye de manera regular a partir del otro (o de los otros, si el interdiscurso moviliza más de dos posicionamientos), y

---

[14] Ver, por ejemplo, Dascal (1989 y 1995).

[15] Esta noción de "humanismo devoto" fue introducida por Henri Brémond en su *Histoire littéraire du sentiment religieux* (1921) para designar una corriente religiosa cuya figura más relevante es San Francisco de Sales. Como su nombre lo indica, esta corriente, que en Francia dominó a fines del siglo XVI y durante la primera mitad del siglo XVII, buscaba conciliar el humanismo del Renacimiento con el catolicismo. Otorgaba, por lo tanto, una gran importancia a la libertad humana. El jansenismo se desarrolló en reacción al humanismo devoto; su principal figura, el abate de Saint-Cyran, se inspiraba en el libro *Augustinus* del teólogo Jansenius para defender la idea de que es la gracia de Dios la que da a los hombres la posibilidad de garantizar su salvación y que el hombre, lanzado a sus propias fuerzas, solo puede pecar.

cada enunciado producido por uno es "traducible" en las categorías de aquel otro (o de aquellos otros). Este es un fenómeno que propuse denominar "interincomprensión": los adversarios no pueden más que traducir el discurso de su Otro en sus propias categorías, anular su alteridad. Están condenados a entrar en conflicto, porque se constituyen recíprocamente; condenados a no comprenderse, porque sus enunciados son, entre sí, como el verso y el reverso.

Consecuencia mayor: la distinción entre enunciados abiertamente polémicos y enunciados no polémicos, incluso sin referencia a un posicionamiento opuesto, tiende a pasar a un segundo plano: todo enunciado, desde el momento en que remite al modelo de un posicionamiento P1, es *ipso facto* el rechazo de un enunciado correlativo que remitiría a un posicionamiento P2, que solo define su identidad a través del rechazo de P1, y recíprocamente. La desaparición de uno de esos dos términos, P1 o P2, implica por lo tanto la desaparición de su Otro, a menos que este último logre entrar en una nueva configuración interdiscursiva.

No creo que sea particularmente iluminador detallar la modelización semántica que debí utilizar para dar cuenta de este interdiscurso formado por el humanismo devoto y el jansenismo[16]. Solo he de precisar que ella reposa sobre algunos operadores que, al aplicarse a un cierto número de categorías sémicas, engendran los semas necesarios para establecer la pertenencia de un enunciado a un posicionamiento y su relación polémica constitutiva con respecto a otro posicionamiento: semas "positivos" y semas "negativos" (a los cuales reenvían los enunciados del adversario).

Esta modelización permite, en particular, poner en evidencia una asimetría interesante. Espontáneamente, pensamos que la relación polémica es independiente de los posicionamientos que allí se enfrentan, que posee propiedades estables. En realidad, el modo en que un posicionamiento entra en relación con su Otro es una modalidad de su relación consigo mismo. Mientras la actitud del jansenismo con respecto al humanismo devoto es muy polémica, en el sentido usual del término, no sucede lo mismo a la inversa: el humanismo devoto no ataca con violencia al jansenismo, e incluso busca, frecuentemente, eludir el combate. La relación polémica está, en efecto, restringida por el universo semántico de cada posicionamiento.

De modo que la dureza del jansenismo no es más que una modalidad de su identidad: se construye sobre un sistema binario en el que toda forma de combinación entre las categorías positivas y negativas es reenviada a la oposición simple. Ese proceso se presenta, además, como el signo mismo de la conformidad a Dios: las fuerzas del mal se caracterizan precisamente por su poder de conciliación, y es la reacción violenta en contra de tal actitud lo que prueba la pertenencia al registro positivo.

Si, por el contrario, el humanismo devoto es poco polémico, no es debido al espíritu de tolerancia que animaría a sus partisanos, independientemente de su doctrina, sino a las re-

---

[16] Al respecto, pueden verse *Sémantique de la polémique* (1983) y *Genèses du discours* (1984).

glas que gobiernan su universo semántico. El humanismo devoto, en su registro positivo, se organiza, en efecto, en torno a unidades que denomino "ÓRDENES", que integran diversos constituyentes en una complementariedad jerarquizada sometida a una economía: ÓRDE-NES del cuerpo humano, del cosmos, de la sociedad, del ejército, de las estaciones, de los humores, etc. En un universo tal los jansenistas son integrables a un ORDEN de los diversos modos de devoción: por su extremo celo religioso, participan, pero junto a otros, de la armonía universal, que distribuye las actitudes religiosas en una diversidad irreductible.

Esta integración del adversario en un ORDEN puede traducirse de múltiples formas. Si nos ubicamos por ejemplo en el ORDEN de los humores, el jansenista devoto aparece como aquel que domina el humor melancólico, que no es más que uno de los humores fundamentales. Si nos ubicamos en la perspectiva del ORDEN del desarrollo temporal de la Iglesia, se puede rebajar al jansenismo al periodo de la Iglesia primitiva, que es solo una de las fases de la economía de la Revelación, y no un ideal inviolable. En un sistema como ese, es claro que el humanismo devoto va a evitar las polémicas "frontales". Como es evidente, la controversia causó estragos entre los dos posicionamientos, pero mientras la dimensión agónica se encontraba en el corazón del sistema jansenista, repugnaba al humanismo devoto, que apuntaba a integrar elementos diversos en una unidad superior.

Ilustraré esta diferencia comentando en "lengua natural" dos citas representativas, una (T1) jansenista, la otra (T2) humanista devota, que tratan sobre la Iglesia primitiva:

> (T1) Desde el comienzo Dios separó tan perfectamente a los primeros cristianos del mundo que podía verse el mundo de un lado y la Iglesia que ellos componían del otro, en un mismo Templo, como se señala en los Hechos de los Apóstoles. Pero ahora que el mundo se mezcló con la Iglesia y la mayoría de los cristianos se volvió mundana, es necesario que aquellos que quieren pensar en sí mismos y en su salvación por una vez en su vida, se separen, si pueden, de esa parte de la Iglesia impregnada de tantas personas mundanas para retirarse en alguna casona particular donde Dios sea ofrecido en espíritu y en verdad como lo era en aquella primera Iglesia de Jerusalén, sin ninguna mezcla de mundanidad (Saint-Cyran 1690, 27).

> (T2) Al juzgar al género humano en los diversos siglos, parece posible discernir algunas distinciones, como se distingue la diferencia de edades en un solo hombre o el cambio de estaciones en un solo año. Porque las diferentes edades tienen sus diferentes alabanzas, y cada estación tiene su carácter [...]. Nada nos impide afirmar, de igual manera, Theophrón, que la primera felicidad del Cristianismo en sus años tiernos, cerca de su nacimiento, era la pureza de las costumbres inocentes, con los milagros de la simplicidad de la Fe, todavía novel [...]. Ahora, el verdadero legado de la antigüedad de nuestra Iglesia hacia el final del mundo es la plenitud de la doctrina y la orientación de la dirección y de la conducta (Bonal 1668, 140).

En T1, como puede verse, la Iglesia primitiva tiene el estatus de ideal semántico del discurso jansenista, para el cual el conflicto es la resistencia a mezclarse con el "mundo" pecador. En este universo la única temporalidad válida, a la que es necesario esforzarse por volver sin cesar, es el Origen. Por el contrario, en T2 la temporalidad de la Iglesia es la de un

ORDEN que se reduce a la vez al orden de las estaciones y al de las edades de la vida: se trata, entonces, de estar en armonía con el lugar que ocupamos en los ORDENES naturales a los que pertenecemos, y no de colocar el conflicto en el centro.

Este ejemplo no debe inducirnos a error: la divergencia semántica entre estos posicionamientos no es más que un asunto de doctrina, de ideas, que rige en igual medida los dispositivos enunciativos (las escenas enunciativas propias de los géneros de discurso invertidos[17] y aquellas construidas por el discurso mismo, que denomino "escenografías"), el *ethos* de los enunciadores (la imagen que ellos ofrecen de sí mismos a través de su manera de expresarse), las relaciones de intertextualidad, incluso los distintos funcionamientos institucionales que movilizan los distintos posicionamientos. La relación "polémica" excede aquí su sentido corriente: ella deriva de un *polemismo constitutivo* que va mucho más allá de la controversia considerada como intercambio de argumentos.

Podemos volver ahora a la polémica considerada como controversia, como secuencia de unidades textuales que se responden sometiéndose más o menos a normas de intercambio diferido. Esta perspectiva de las controversias, como dijimos, implica inevitablemente una visión "estrategista" del discurso, en la que los interactuantes están en busca de dar el golpe ganador, del argumento decisivo, del procedimiento adecuado para la descalificación del adversario, del soporte, del modo de difusión más apropiado. Esto nos lleva a desarrollar una especie de pragmática del intercambio controversial.

Al contrario de lo que podría pensarse, una lectura "estrategista", que aprehenda la serie de acontecimientos discursivos como inscritos en un contexto incesantemente reconfigurado, no es independiente de las restricciones semánticas que fundan la identidad de nuestros dos posicionamientos. En otros términos, podemos demostrar que los dos abordajes –el estudio de los universos semánticos y el de las dinámicas de la controversia–, lejos de ser independientes, pueden combinarse: el encadenamiento de los actos discursivos de la polémica no solo obedece a restricciones estratégicas sino también a las restricciones semánticas propias del posicionamiento. La polémica permitiría satisfacer a la vez las exigencias estratégicas y las exigencias semánticas.

Esto es lo que quisiéramos ilustrar con las *Cartas Provinciales* de Pascal.

Es sabido que la unidad de este texto se estableció *a posteriori*. Se trata, de hecho, de una serie de dieciocho libelos jansenistas que fueron publicados durante trece meses. Estos no presentan realmente una estructura orgánica[18], sino que fueron compilados porque tenían

---

[17] En francés, la noción de "investissement génerique" (o "investir un genre") acuñada por Maingueneau comporta una doble valencia: sitiar, desplegarse en el espacio y otorgar valor, invertir (en economía). Aunque el vocablo español "invertir" y sus derivados carece de ese doble sentido, mantenemos el término "inversión genérica" en concordancia con otras traducciones que se han hecho de la obra de Maingueneau (en efecto, en la versión en español del *Diccionario de análisis del discurso* editado por Maingueneau y Charaudeau en 2005 la voz correspondiente es "inversión genérica") [ASM].

[18] Aquí simplificamos considerablemente. De hecho, pueden ponerse en evidencia múltiples operaciones "retroactivas", y algunas veces "proactivas", destinadas a ligar las distintas cartas entre sí. Eso no impide que sea posible dis-

el mismo autor[19] y porque habían sido publicados de un modo que, para el gran público, conformaba una serie. El punto que me interesa destacar aquí es que la evolución de esos libelos puede analizarse no solo en función de factores de orden estratégico, *sino incluso en términos de su conformidad creciente con las restricciones del sistema semántico jansenista*, que funciona como una suerte de "atractor".

Las *Cartas Provinciales* se presentan, a grandes rasgos, como la sucesión de dos series de cartas: las cartas 1 a 10 (incluida) fueron escritas por un hombre parisino que se dirige a un amigo de la provincia; aquí nos encontramos con una ficción narrativa homodiegética en la que se ponen en escena diversos personajes que exponen argumentos teológicos o debaten sobre moral. Las cartas 11 a 18 (incluida) son cartas abiertas dirigidas a los padres jesuitas (11 a 16) y al padre jesuita Annat (17 y 18).

Si consideramos los actores que intervienen en las 10 primeras "provinciales" constatamos que a lo largo de las cartas su cantidad disminuye de forma regular:

> 1° carta: 5 actores
> 2° carta: 4 actores
> 3° carta: 2 actores
> 4° carta: 3 actores
> 5° a 10° carta: 2 actores

La carta 3 parece contradecir esta tendencia; de hecho, esta se aparta un poco del resto ya que solo expone el punto de vista jansenista, y no hay verdadero diálogo.

Esta reducción cuantitativa solo adquiere sentido si se la pone en relación con el estatus de esos personajes. La diversidad de los intervinientes se concentra en beneficio de la dupla jesuitas/jansenistas; por lo tanto, a partir de la tercera carta se excluyen los defensores de posiciones de compromiso, en particular los neo-tomistas, que no encajan en la categorización fundamentalmente binaria del discurso jansenista.

En cuanto al dispositivo enunciativo, este sigue asimismo una evolución que se orienta en el sentido de una creciente conformidad con respecto a las restricciones del universo semántico. Las diez primeras cartas introducen una relación *indirecta* entre los adversarios:

> -porque el enunciador no se posiciona como un jansenista, sino como alguien exterior al debate que ignora las cuestiones teológicas.
> -porque da el rodeo de una ficción (una narración epistolar) para poner en escena posiciones antagonistas.

---

tinguir dos grandes series, cada una de ellas sub-divisible en dos grupos sucesivos de cartas, de los cuales ninguno implica realmente al siguiente. El punto importante aquí es que el texto no pudo haber sido planificado, que es el resultado de respuestas a una situación política que evoluciona de forma imprevisible.

[19] A decir verdad, habría que poner entre comillas esta noción de "autor", porque estos libelos son más el producto de un equipo –en el que figuran, en particular, Antoine Arnauld y Pierre Nicole– que de Pascal; la documentación y los argumentos son retomados de escritos jansenistas anteriores.

Pero a partir de la onceava carta la relación se vuelve *directa*. El escritor se posiciona como un jansenista e interpela a los adversarios del jansenismo más activos y más notorios, sin disfrazarlo de ficción narrativa.

Última etapa en la evolución de este dispositivo enunciativo: en las cartas 17 y 18 el adversario ya no es un ser colectivo, la Compañía de Jesús, sino un destinatario singular (el padre Annat), presentado como alguien que concentra en su persona las propiedades de toda la Compañía.

Esta evolución es acompañada por un brutal cambio de *ethos* cuando pasamos de las diez primeras cartas a la serie siguiente: al *ethos* mundano irónico sucede un *ethos* violento, netamente profético, en el que el escritor se presenta como inspirado por la palabra de Dios, al modo de los profetas bíblicos. La ironía es, de hecho, poco compatible con la semántica jansenista: esta supone un escritor que comparte los valores del "mundo" (entendido a la vez como espacio de mundanidad y como universo del pecado, como en el prólogo al Evangelio de San Juan) mientras se ocupa de los temas religiosos más graves, y que da prueba de duplicidad (porque finge no ser jansenista). La violencia del *ethos* de la segunda parte permite al enunciador reestablecer la frontera que separa al "mundo" de Dios, es decir, reafirmar performativamente, con su palabra, su pertenencia al registro divino. La polémica, en efecto, no es solo la expresión de ideas o la defensa de una doctrina, sino una actividad por la cual se amplía y se reinventa incesantemente la propia identidad discursiva.

Así, de la primera a la última carta constatamos una evolución que puede caracterizarse a la vez como un fenómeno de concentración multiforme que se orienta al refuerzo del antagonismo directo, del cara a cara sin intermediarios. Movimiento que se puede analizar fácilmente como una conformidad creciente con las operaciones y las categorías fundamentales del sistema semántico jansenista. Todo sucede como si, oscuramente, la evolución de las cartas permitiera acercarse progresivamente a un *optimum* en que se eliminarían todas las configuraciones actorales y enunciativas no compatibles con el posicionamiento que el texto invoca.

Esto puede verificarse, asimismo, en el modo en que en el texto se negocian los cambios de estrategia, y en particular la designación del adversario. Al inicio de la cuarta carta el escritor justifica de este modo el estatus de adversario privilegiado que atribuye a los jesuitas:

He tratado con dominicanos, con doctores y con otros de este género. Pero no hay como los Jesuitas. Faltábame ver a estos para mi instrucción porque los demás no son sino copias. Siempre parecen mejor las cosas en su original. Visité a uno de los más diestros y sagaces... (Pascal 1816, 39).

Este jesuita "de los más diestros y sagaces" será presentado como equivalente al conjunto, como el portavoz de la totalidad de los libros de casuística. Esta es una operación que resulta posible en la medida en que la multiplicidad de los Jesuitas es construida por el enunciador como una unidad compacta. Se trata, en efecto, de constituir al adversario en máxima conformidad con la semántica jansenista, que aspira a reducir las pluralidades a unidades homogéneas concentradas en torno a un centro:

> Mucha diferencia hay entre los jesuitas y sus adversarios. Vosotros componéis verdaderamente un cuerpo unido bajo un solo gefe, y vuestras reglas, como lo dige antes, os prohíben imprimir cosa alguna sin el consentimiento de vuestros superiores, que responden por los errores de todos los particulares (294).

Principio también válido para concentrar la imagen de los Jesuitas en la única figura del padre Annat:

> Vos, a quien toda vuestra congregación tiene por gefe[20] y primer motor de estos designios y sabedor de todo el secreto de esta contienda (319).

Estas justificaciones, aparentemente tácticas desde el punto de vista de la dinámica de la controversia, pueden entonces leerse como operaciones características del sistema jansenista: la reducción de la multiplicidad de los adversarios a los jesuitas-"fuente", de la multiplicidad de textos a un representante único, de la multiplicidad de los jesuitas al padre Annat, no son más que ilustraciones de la reducción de la multiplicidad a una unidad compacta, y de la reducción de esa unidad a un foco único, operaciones fundamentales que el sistema jansenista moviliza en todas las dimensiones de la discursividad.

No pretendemos sostener que la controversia es solo una manifestación contingente de un sistema de restricciones semánticas, como si una fuerza oculta y omnipotente dirigiera, a su pesar, hasta las más mínimas producciones textuales. Más bien parece que la controversia se manifiesta como una *negociación* entre dos redes de restricciones: restricciones de orden *pragmático* sobre la controversia en diferentes niveles (estrategias argumentativas, estrategias de inversión genérica –es decir, la decisión de emplear tales o cuales géneros discursivos–, leyes del discurso…) y restricciones de orden *semántico* que regulan la pertenencia de los enunciados a un determinado territorio de sentido, constituido y mantenido a través del interdiscurso. Desde esta perspectiva, podemos describir la evolución de las *Cartas Provinciales* como una inversión de dominancia: mientras las diez primeras cartas privilegian las restricciones pragmáticas de movilización de un público favorable a la causa defendida, las siguientes privilegian la conformidad a un universo de sentido. Pero no se trata más que de una predominancia, ya que los dos órdenes interactúan permanentemente.

Nos encontramos aquí con una noción que Frédéric Cossutta elaboró para el análisis del discurso filosófico: se trata de la noción de género *canónico*, es decir, el género que se encuentra en máxima conformidad con un determinado posicionamiento filosófico. En ese

---

[20] Hemos preferido seguir la versión francesa: "Vous que tout votre parti considère comme le chef" en lugar de la traducción de referencia: "Vos, a quien los Molinistas tienen por gefe" [ASM].

sentido, en Descartes la meditación es canónica pero no el diálogo, que es, en cambio, canónico en Platón. De manera comparable, la ficción epistolar mundana de las diez primeras cartas es menos canónica que las violentas diatribas de las cartas que siguen. Pero ni el corpus cartesiano ni el corpus jansenista pueden reducirse a sus textos canónicos. Es precisamente esa tensión lo que hay que pensar.

Es posible, sin embargo, que este principio general deba ser modulado en función de los tipos de discurso involucrados. En efecto, difícilmente podamos hablar de polémica sin tomar en cuenta el estatus de los discursos en cuestión. Dado que la implicación de procesos de "vulgarización" (en un sentido amplio) y la integración de registros de discursos heterónomos son operaciones características de los discursos "constituyentes"[21], si queremos trabajar de manera precisa es necesario disponer de categorías mucho más finas que las de "discurso religioso" o "discurso filosófico": una controversia teológica, en muchos aspectos, remite a un funcionamiento del mismo orden que una controversia filosófica. Este es un programa de investigación que sería interesante desarrollar.

La modelización semántica que he elaborado para dar cuenta de la identidad de los dos posicionamientos considerados pudo realizarse sin tener en cuenta la dinámica temporal de la querella, y sin considerar distinciones como las de polemismo/ polemicidad, dialogismo constitutivo/ dialogismo mostrado, etc. Ahora bien, no es indiferente que este modelo se aplique a discursos religiosos, que por naturaleza se proponen establecer marcos semánticos susceptibles de regir los actos de amplias colectividades e integrar las representaciones y las actividades de los sujetos envueltos en experiencias múltiples. Esta integración solo es posible mediante el recurso a operaciones y categorizaciones semánticas suficientemente vagas y polivalentes. Es bastante razonable pensar que sucede de otro modo con el discurso filosófico, cuya elaboración favorece los debates cerrados con otros posicionamientos y apunta a una verdadera coherencia conceptual. En un universo como ese no corresponde esperar un mismo tipo de modelización de la identidad de los posicionamientos. Esto se manifiesta, por otro lado, en el plano de la inversión genérica. Las controversias religiosas que no se limitan a un círculo de teólogos profesionales y ponen en juego cuestiones políticas en sentido amplio pueden inscribirse en una gran diversidad de géneros y movilizar formas agonales diversificadas; por el contrario, las controversias científicas o filosóficas tienden a movilizar dispositivos de comunicación más pobres y ritualizados.

---

[21] Sobre esta noción, ver Maingueneau y Cossutta (1995) o Maingueneau (1999).

Referencias

BONAL, FRANÇOIS DE [1655] (1668). *Le Chrétien du temps*. Lyon: F. Comba. [Trad. esp. *El cristiano de estos tiempos confundido por los primeros cristianos*. Madrid, 1777, traducido por Francisco Mariano Nipho].

BRÉMOND, HENRI (1921). *Histoire littéraire du sentiment religieux*. París: Bloud et Gay.

COSSUTTA, FRÉDÉRIC (2000). "Typologie des phénomènes polémiques dans le discours philosophique". En *La polémique en philosophie*, editado por Ali Bouacha y Frédéric Cossutta. Dijon: Editions Universitaires de Dijon.

DASCAL, MARCELO (1989). "Controversies as quasi-dialogues". En *Dialoganalyse II/1*, editado por Edda Weigand y Franz Hundsnurcher, 147-159. Tübingen: Niemeyer.

DASCAL, MARCELO (1995). "Observations sur la dynamique des controverses". *Cahiers de linguistique française* 17: 99-122.

MAINGUENEAU, DOMINIQUE (1983). *Sémantique de la polémique*. Lausana: L'âge d'homme.

MAINGUENEAU, DOMINIQUE (1984). *Genèses du discours*. Liège: Mardaga.

MAINGUENEAU, DOMINIQUE (1999). "Analysing self-constituting discourses". *Discourse studies* 1(2): 175-200.

MAINGUENEAU, DOMINIQUE y FRÉDÉRIC COSSUTTA (1995). "L'analyse des discours constituants". *Langages* 117. 112-125.

PASCAL, BLAISE (1656-1657). *Les Provinciales*. [Trad. esp.: *Las célebres Cartas provinciales de Blas Pascal sobre la moral y la política de los jesuitas*. Madrid: Imprenta del Colegio de sordomudos y ciegos. Traducido y editado por el Lic. Francisco de Paula Montejo, 1816].

SAINT-CYRAN, ABATE DE [1645-1647] (1690). *Lettres chrétiennes et spirituelles de Messire Jean Duvergier de Hauranne*. París: Veuve M. Durand.

De polemistas a polemizadores*

Christian Plantin

Los estudios contemporáneos sobre la argumentación solo se interesan de forma marginal en la polémica; la destinación al auditorio universal y la búsqueda del consenso que estos privilegian reducen la polémica a una forma de debate rica en paralogismos. En esta contribución, el objeto de la argumentación es definido como una confrontación de discursos contradictorios; la cuestión de la especificidad del debate polémico en relación al debate argumentativo en general se plantea desde una perspectiva menos normativa que descriptiva.

Esta especificidad se rastrea en primer lugar a nivel de los componentes generales de la situación argumentativa, así como a nivel de la inversión emocional de los locutores y de la violencia lingüística.

El *Petit Robert* nos proveerá una definición provisoria y mínima de la polémica: "Debate escrito violento o agresivo => controversia, debate, discusión" (con la salvedad de que, como es evidente, el debate polémico contemporáneo no es necesariamente escrito: "Intensa polémica en la Asamblea Nacional"). Los ejemplos muestran que, tomadas en conjunto, las polémicas mixturan lo oral y lo escrito o remiten a lo escrito dicho de forma oral; en particular, la agresión inicial a menudo tiene la forma de un enunciado oral.

1. Los estudios contemporáneos sobre argumentación: la preferencia por el consenso o la polémica falaz

Las teorías contemporáneas de la argumentación pueden ordenarse, en una primera aproximación, según tres paradigmas: el paradigma retórico-enunciativo, el paradigma dialéctico y el abordaje estructural de Ducrot (1972), que constituye una categoría bien específica. Estos enfoques no tratan la cuestión de la polémica en tanto tal.

* Plantin, Christian (2003). "Des polémistes aux polémiqueurs". En *La parole polémique*, editado por Gilles Declercq, Michel Murat y Jacqueline Dangel. París: Champion, 377-408. Agradecemos a Michel Murat y a las Editions Champion por haber autorizado la reproducción y traducción de este texto, que publicamos en forma parcial.

Hubo una refundación de los estudios argumentativos en los años 1950 desde el paradigma retórico-enunciativo. Se constata que el término "polémica" no figura ni en el índice de Perelman y Olbrechts-Tyteca (1958/1976) ni en Toulmin (1958). Por razones muy diferentes, tampoco figura en Lausberg (1960).

Esa ausencia es esperable, en la medida en que el objeto de Perelman, no más que el de Toulmin o Lausberg, no es el estudio de formas de interacción. La retórica enunciativa se centra en el locutor/orador y no, como lo haría una retórica interaccional, en una interacción cara a cara o en una confrontación explícita de discursos que expresan puntos de vista contradictorios. Según creo, en lo que concierne a sus aspectos discursivos, la lógica natural de Grize se inscribe en esa misma tendencia; en consecuencia, allí la cuestión de la polémica no provoca ningún tratamiento particular (Grize 1982; 1990).

La dialéctica de Hamblin (1970) es un dispositivo dialógico efectivo; el sistema de reglas que permite al intercambio dialéctico evolucionar hasta su cierre fue precisamente elaborado para evitar todo tipo de bloqueo; ese sistema excluye *a fortriori* toda polémica. La pragma-dialéctica o "nueva dialéctica" de van Eemeren y Grootendorst (1996) está construida sobre el mismo principio, con unas leyes de discurso que vienen a completar las leyes lógicas. El índice de van Eemeren et al., *Fundamentals of argumentation theory* (1996), menciona los términos "polemic attitude", "polemic negation", "controversy" y "contest debate", sin proponer un tratamiento sistemático de la polémica en tanto tal. "Polemic negation" reenvía a Ducrot (1984, 217-218) y a su sistemática empresa de interpretar en la lengua lo que remite al habla. "Polemic attitude" nos orienta útilmente hacia el campo de la psicología, en tanto la actitud polémica es una manifestación de la agresividad que hace a todo buen debatidor. "Contest debate" define un ejercicio que organiza la confrontación pública de dos puntos de vista; suele referir a un modo de ejercicio fundamental para el aprendizaje de la argumentación. "Controversy" reenvía al tema general "Difference of opinion". Esta secuencia de términos (*polemic/ controversy/ debate*) provee por otra parte un primer ejemplo de los deslizamientos semánticos que, tanto en francés como en inglés, pueden llevar a la asimilación de la polémica con el debate (ver los reenvíos del *Petit Robert*; ver también infra §3.2).

De manera general, las teorías de la argumentación se orientan a la búsqueda de un consenso capaz de clausurar el debate. Perelman y Olbrechts-Tyteca definen la argumentación por su causa final:

> El objeto de esta teoría [de la argumentación] es el estudio de las técnicas discursivas que permiten provocar o acrecentar la adhesión de los sujetos a las tesis que se les presentan para su asentimiento (1976, 5).

En otros términos: en el mejor de los casos se trata de reunir a los "sujetos" [*esprits*] en un auditorio universal cimentado mediante alguna forma de consenso. Van Eemeren y Grootendorst explicitan de este modo esa finalidad consensual del intercambio argumentativo:

El abordaje pragma-dialéctico toma como objeto la resolución de las divergencias de opinión por medio del discurso argumentativo (1996: 8).

Este amor por el consenso[22] se opone a la pasión por el *dissensus* propia de toda relación polémica, que rechaza o al menos repele el cierre: el aficionado al debate contra el aficionado a la verdad. El medio triunfa sobre el mensaje, se insiste en el debate por el debate mismo y no como instrumento de verdad; el debate nunca se termina, no cesa más que a falta de combatientes. La teoría dialéctica de la argumentación apela a las normas para eliminar esta forma de polemicidad. El rechazo a cerrar el debate es, en efecto, estigmatizado como "paralógico" por la "Regla 9 de la discusión crítica":

> Si un determinado punto de vista no fue defendido de forma concluyente, entonces el proponente debe retirarlo. Si un determinado punto de vista fue defendido de forma concluyente, entonces el oponente ya no debe ponerlo en duda (van Eemeren y Grootendorst 1996, 205).

El polemista es precisamente aquel que se niega a admitir que el punto de vista de su oponente fue "defendido de forma concluyente" y que postula que el suyo está mucho más allá de toda duda razonable. Podríamos entonces denominar "paralogismo de obstinación" o de "mala fe"[23] a este rechazo a dejarse convencer, es decir, a reconocer la validez y la superioridad de los argumentos del otro. La persistencia de la diferencia de opiniones en la polémica manifiesta así el desajuste del proceso argumentativo y el fracaso del sistema dialéctico.

Así, nueva dialéctica y nueva retórica se reúnen para postular una equivalencia entre un debate polémico y un debate rico en paralogismos: un grado elevado de polemicidad se convierte en un buen indicador del carácter falaz del intercambio. Esta conclusión se refuerza si pasamos de los paralogismos de obstinación a los paralogismos de emociones y de jerarquía (*ad personam, ad vericundiam*) infaltablemente asociados al debate "violento y agresivo". La orientación hacia el consenso tiene por correlato el hecho de evitar las implicaciones personales; y para evitar implicar a las personas, lo mejor es no hablar de ello en absoluto.

Perelman y Olbrechts-Tyteca no dicen gran cosa sobre la dimensión emocional de la argumentación, que tratan desde la perspectiva de las "pasiones". Conforme a la psicología de la época, la emoción es vista como un desajuste, y solo adquiere cierta dignidad si se transmuta en "valor" (Plantin 1998, 6). Desde el marco pragma-dialéctico, el uso de "medios no argumentativos de persuasión" (van Eemeren y Grootendorst 1996, 149) –es

---

[22] La importancia del consenso es particularmente marcada en la tradición argumentativa arabo-islámica, en la que el consenso constituye un tipo de prueba (Bernand 1970).

[23] En el sistema interaccional, el llamado a un sistema de normas externas al debate es analizado como una forma de argumento: se habla entonces de *argumento de la obstinación* o *argumento de la mala fe*. Se trata de una estrategia de refutación.

decir, el recurso a las pruebas por el *ethos* y el *pathos*– está prohibido por la Regla 4 que contribuye, por una vía distinta a la Regla 9, a la eliminación de la polemicidad del debate:

> Los medios de persuasión no argumentativos no pueden movilizarse a título de tentativa racional para convencer al oponente. No se emplean para determinar racionalmente cuál de las dos partes en desacuerdo tiene realmente razón, sino para agradar a la concurrencia; la persuasión no argumentativa apunta habitualmente a los terceros. Las técnicas retóricas empleadas en esta empresa son esencialmente astucias que permiten ganar el debate a los ojos de un público profano. Esas astucias retóricas se dividen en dos clases: el proponente puede jugar con las emociones y los prejuicios del público, o bien vender su tesis alabando sus propias cualidades, e introduciendo así deliberadamente su propia persona en la discusión (van Eemeren y Grootendorst 1996, 149).

Aquí volvemos a encontrar globalmente la posición de Locke (1959, cap. 17 §19-22) que prohíbe todas las formas argumentativas "circunstanciales" y solo valida la argumentación *ad rem*. La búsqueda del acuerdo, marca exterior de la verdad, parece incompatible con la polémica. El debate "caliente" es estigmatizado como sofístico o confuso, y lo emotivo atenúa las insuficiencias del debate enmascarando lo falaz.

Así, los teóricos de la argumentación normativa plantean nuevamente, con los instrumentos de reflexión contemporánea, la cuestión más que bimilenaria del control del debate. Estigmatizan las violaciones del diálogo ideal, así como los lógicos rechazan los sofismas o los teólogos condenan los "pecados de la lengua" y, predominantemente, el pecado de *contentio*:

> La *contentio* es una guerra que se hace con las palabras. Puede ser la guerra defensiva de aquel que, testarudo, se niega sin razón a cambiar de opinión. Pero la mayoría de las veces se trata de una guerra de agresión que puede adoptar diferentes formas: un ataque verbal inútil contra el prójimo, no para buscar la verdad sino para manifestar su agresividad (Aymón); una querella de palabras que, dejando de lado toda verdad, engendra el litigio y llega hasta la blasfemia (Isidoro); una argumentación refinada y maliciosa que se opone a la verdad escuchada para satisfacer un irreprimible deseo de victoria (*Glossa ordinaria*); un altercado malvado, litigioso y violento con alguien (Vincent de Beauvais); un ataque contra la verdad apoyándose en la fuerza del *clamor* (*Glossa ordinaria*, Pierre Lombard). No obstante, a menudo la *contentio* aparece en los textos sin ser definida, como si la connotación de antagonismo verbal violento atada al término bastara para indicar el peligro que debemos evitar y el pecado que debemos condenar. [...]
> A propósito del origen de la *contentio* [...] filiación de la vana gloria [...] signo distintivo de la cólera [...]. Un motivo de envidia en el inferior que trata de ser más valorado que el superior [...], la querella puede depender de la embriaguez [...], deseo de notoriedad y de ventaja [...], la querella es signo de orgullo, de necedad, de perversidad y de malicia. (Casagrande y Vecchio 1991, 213-214).

2. Argumentación y contradicción

2.1. La interacción argumentativa

La concepción interaccional ancla la argumentación en la divergencia y la confrontación de puntos de vista. Una determinada situación lingüística empieza a volverse argumentativa desde el momento en que un acto de lenguaje no es ratificado por el alocutario, aunque sea de manera no verbal. Su grado de argumentatividad se refuerza cuando aparece una continuación no elegida, luego una ratificación y una tematización del *dissensus*, y una oposición de discursos. La comunicación es plenamente argumentativa cuando la diferencia de discursos es problematizada en una Cuestión [*Question*] y cuando se distinguen netamente los tres roles actanciales de Proponente, Oponente y Tercero[24].

Esta definición sobre los grados de argumentatividad de una situación lingüística admite la existencia de un *continuum* entre situaciones débilmente argumentativas (en las que encontramos, por ejemplo, una simple confrontación entre un "¡Pero no!" y un "¡Pero sí!") y situaciones fuertemente argumentativas. En este último caso, los puntos de vista se desarrollan en relación a la Cuestión relativamente estabilizada por la presencia insistente del Tercero; discurso y contra-discurso se articulan también en función de las estrategias de retomes argumentativos, reinterpretaciones, concesiones, refutaciones, etc. Los argumentarios finalmente se constituyen y circulan en diversos sitios argumentativos, que son los lugares en los que toman cuerpo los debates. Por ejemplo, el debate siempre abierto sobre la inmigración y la nacionalidad francesa se articula sobre un conjunto de "cuestiones argumentativas" entre las cuales se encuentran las siguientes:

-¿Hay que abrir las fronteras?
-¿Debe otorgarse automáticamente la nacionalidad francesa a los hijos de extranjeros nacidos en Francia a determinada edad (dieciséis años/ dieciocho años)? ¿La nacionalidad debe ser elegida?
-¿Hay que regularizar a los indocumentados?

En tanto fundada en una oposición, ¿toda argumentación es agonal? Según Lakoff y Johnson (1985, 14-ss.) "argument is war" –expresión que no hay traducir apresuradamente por "la argumentación es la guerra", en la medida en que el término inglés *argument* designa, tanto como la argumentación, una forma de contienda. Desde esta perspectiva, la polémica sería una suerte de guerra argumentativa abierta; ella constituiría y develaría la verdad de la argumentación. Esta posición tal vez sea seductora si gustamos de disfrazarnos de guerreros, pero es discutible. La metáfora de la guerra se extiende a todo hasta englo-

---

[24] El concepto clásico de *situación retórica* puede elaborarse en continuidad con los diferendos conversacionales.

bar a su contrario: el amor es la guerra tanto como la paz, que no es más que la continuación de la guerra por otros medios. A partir de su definición, las metáforas fundacionales permiten pensar y actuar en un determinado dominio (en nuestro caso la disputa, el debate) en función de otro (la guerra) considerado más fundamental. Por otra parte, también se puede argumentar y entrar en una disputa en ausencia de toda experiencia guerrera, o habría que acordar a la experiencia guerrera el estatus de un arquetipo junguiano. Nada obliga a asumir que la guerra es el modelo de toda oposición, también podríamos visualizar otras formas de oposición, por ejemplo la incorporación de los alimentos (*¡Engullo!/ ¡Escupo!*). Por nuestra parte, escogeremos la antítesis lingüística fundamental del "¡Sí!" y el "¡No!", oposición que en francés puede ratificarse por un "¡Sí!".

Aunque definida por una diferencia, la argumentación no es necesariamente conflictiva. En la base de la situación argumentativa hay contradicción, divergencia de puntos de vista, oposición, duda (*estasis*) y formación de cuestiones. La oposición argumentativa no debe ser definida fundamentalmente a nivel de los argumentadores sino a nivel del discurso: discurso de proposición, discurso de oposición, discurso de duda, de problematización, de cuestionamiento.

Un corolario de esta concepción de la argumentación es que ella engloba, junto a los discursos de oposición concreta en determinados sitios, a los discursos de alianza o los discursos co-construidos, tan argumentativos como los anteriores. Una vez estabilizada la cuestión, puede tratarse en efecto a partir de la posición del Tercero, bajo la modalidad de la duda, de lo posible (*Tengo una propuesta, pero no me voy a exponer por ella*); a partir de la posición del Proponente o del Oponente, bajo la modalidad de la certeza (*Reforcemos nuestra propuesta/ nuestra contra-propuesta*).

La distinción entre actores y actantes de la argumentación permite distinguir las oposiciones entre discursos de las oposiciones entre personas, lo que resulta fundamental para la polémica. La argumentación se juega entre tres actantes; los actores de la argumentación son los individuos concretos que sostienen esos discursos y que encarnan determinados roles. Ellos pueden, por supuesto, cambiar de posición argumentativa. En el caso de la deliberación interna el mismo actor se desplaza entre las tres posiciones actanciales. El debate público es un teatro de cambios de posiciones argumentativas que de otro modo serían espectaculares: por ejemplo, en el debate sobre la inmigración se produjo un cambio de rol actancial: cuando estaba en el poder, el ex ministro del Interior, Charles Pasqua, se encontraba en posición de Oponente a la proposición "¡Legalización de los indocumentados!"; se sabe que luego se pasó a la oposición y que se encuentra en posición de Proponente sobre esta misma cuestión. Esbozados estos elementos básicos, ¿cómo plantear la cuestión de la polémica?

2.2. Abordaje de la polémica

En tanto palabra de la lengua, los usos de la palabra polémica permiten desagregar una o dos significaciones. Esas significaciones constituyen un proto-concepto, una "proposición de concepto" que es necesario examinar. Existen otros términos en esta misma situación: por ejemplo, ¿es necesario, en teoría de la argumentación, disponer de "dos conceptos" como "refutación" y "objeción"? ¿O acaso se trata de las mismas operaciones, designadas desde dos puntos de vista diferentes –el del Oponente (*He refutado sus argumentos*) y el del Proponente (*He respondido a sus objeciones*)–? La misma pregunta (tal vez con una respuesta idéntica) se plantea por ejemplo para los conceptos de "argumentación" y de "explicación".

De manera general, se trata de determinar, entre las interacciones nombradas en el léxico de una lengua particular, las modalidades centrales de interacción, aquellas que son conceptualizables y teorizables, por ejemplo, bajo la forma de géneros interaccionales. A esos tipos vincularemos las interacciones estructuralmente análogas o fácilmente derivables, mediante la modificación de los parámetros del modo interactivo fundamental. Concretamente, desde el punto de vista de la lingüística descriptiva, ¿por qué atarse más a la interacción *polémica* que a la interacción *altercado*? ¿Qué prueba que una *bronca* está menos estructurada que la *polémica*? Por supuesto, una está marcada como vulgar y la otra es culturalmente valorada, pero esa descripción no sirve desde el punto de vista descriptivo.

El estudio de la argumentación como interacción o comunicación entre discursos contradictorios tiene como objeto una gama de situaciones de lenguaje que va desde la gestión de una diferencia sobre algo banal de la vida cotidiana (*–¿Qué comemos esta noche? –Fideos –¡¿De nuevo?! Ya comimos al mediodía… –Justamente, hay que terminarlos*) hasta la actualización de problemáticas "eternas" (*¿Existe Dios?*). Las teorías de las interacciones verbales toman como objeto las transacciones lingüísticas cara a cara: conversaciones, relaciones de servicio, relaciones terapéuticas, interacciones laborales, etc. Ellas han renovado los estudios en argumentación como modo de tratamiento de los puntos de vista en tensión, abriéndose al campo de lo corriente. Conforme a ese programa de investigación, la cuestión de la polémica será examinada en relación con las formas banalmente cotidianas de la argumentación.

A. La violencia

El léxico designa, por un lado, actos de habla violentos que se encuentran en el origen de interacciones violentas fuertemente argumentativas:

rebelarse, protestar, cuestionar, indignarse…

Por otro lado, también reconoce la existencia de formas colaborativas de interacciones fuertemente argumentativas:

deliberar, intercambiar, interrogarse, debatir, consultar, discutir, acordar…

así como interacciones violentas con potencial argumentativo variable, entre las que encontramos la interacción polémica, violenta y fuertemente argumentativa:

polemizar, disputar(se), discutir, querellar, litigiar, tener un altercado, tener una pelea de pareja, agarrarse, embroncarse, enojarse, reñirse, batirse, dispararse, darse con…

Sin olvidar las diferentes formas de la discordia, de las que el Doctor de Molière estableció una primera lista:

Doctor: ¿Qué sucede? Siempre ruido, desorden, disensión, querellas, debates, diferendos, combustiones, altercados eternos. ¿Qué es esto? ¿Qué hay? No tenemos paz. (Molière, *La jalousie du Barbouillé*, scène XIII).

Esos términos tienden a especializarse según los dominios (*tener problemas con la justicia*, *estar en litigio con un vecino*), la naturaleza de los participantes: los niños se agarran, se pelean (*¡Pelearse no es de su edad!*), se arreglan, pero no tienen altercados, estos están reservados a los adultos (¿preferentemente desconocidos entre sí?); los cónyuges tienen pelas de pareja, los miembros de una familia tienen enredos, las trifulcas son más acordes a las relaciones entre vecinos (llevadas a la justicia se convertirán en litigios): las broncas corresponden más a las relaciones de trabajo jerarquizadas mientras que los enfrentamientos o las disputas se adecuan a contextos más democráticos. En lo que refiere a la agresividad lingüística, los locutores operan distinciones muy finas según la calidad de su adversario, su cantidad, la naturaleza del espacio y el grado de institucionalización del diferendo.

Conclusión: la agresividad verbal es la cosa más compartida del mundo. Si en una polémica científica un colega nos trata de imbéciles o si un automovilista irascible que no comprendió nuestra maniobra nos trata de tarados, el efecto de injuria es el mismo. La agresividad polémica aparece en continuidad con las diversas formas de violencia interaccional ordinaria.

B. El compromiso emocional

El compromiso emocional es el correlato del compromiso de la persona. El cuestionamiento de los debatidores suele proponerse como rasgo definitorio de la polémica, lo que evoca la posibilidad de evitar la polémica manteniendo la separación entre personas y objetos de debate y evitando involucrarse con las personas. Ahora bien, en ciertos contextos de debate, la persona solo existe a través de su rol, y ese rol depende del objeto (su posición con respecto al objeto determina el estatus de la persona). Por lo tanto, el cuestionamiento del objeto afecta al rol y por ello toca necesariamente a la persona, adquiriendo así un valor polémico (si partimos de que el cuestionamiento de las personas basta para caracterizar la polémica). Supongamos que, en el marco de un coloquio sobre argumentación, alguien declara que "la argumentación es una problemática ficticia": esa afirmación es perfectamente *ad rem*. Emitida frente a un locutor con posiciones científico-institucionales totalmente opuestas, por ejemplo "la argumentación es esencial en la constitución de los saberes tanto científicos como sociales" (también *ad rem*), es una afirmación polémica. Aunque apunta al objeto, afecta al estatus que legitima a un determinado rol, a una presencia, a una persona.

Podemos abordar el análisis del compromiso de las personas a través de la problemática de las emociones. La dimensión emocional de las interacciones polémicas puede estudiarse en función de los parámetros propuestos por el estudio de la dimensión emocional de las interacciones en general (localización de los lugares psicológicos, de los términos de emoción y de la constitución de enunciados de emoción, análisis de las estrategias de construcción/justificación de esos enunciados de emoción; análisis de los modos de gestión interaccional de la emoción manifestada) (Plantin 1996; 1997). Puede postularse, en un extremo, que desde el momento en que hay una responsabilidad discursiva hay inversión emocional. En el caso de la interacción argumentativa, hasta podrían postularse ciertos afectos-tipo atados a cada uno de los roles argumentativos: alegría del Proponente (*¡Tengo una idea!*), indignación del Oponente (*¡Esto afecta mis valores!*), perplejidad del Tercero (*Ya no sabemos qué pensar…*).

C. La argumentación

Las interacciones polémicas forman parte de interacciones argumentativas desarrolladas. La polémica supone en efecto la permanencia de la cuestión, una estabilidad relativa de las posiciones y los argumentarios, la posibilidad de que la cuestión sea tratada en diferentes sitios, etc. Podríamos investigar la especificidad de las polémicas en cada uno de los componentes fundamentales de la situación argumentativa: tipos de argumentos, situaciones lingüísticas, temas y cuestiones, valores movilizados, compromiso de sí.

Todos los tipos de argumentos son *a priori* susceptibles de funcionar en todas las formas de interacción argumentativa. No hay marcas lingüísticas del "buen" argumento, así como no hay marcas lingüísticas que den cuenta del enunciado verdadero. La cuestión de la amalgama ameritaría una discusión más amplia; no es una forma característica de la polémica. Para la teoría interaccional de la argumentación, la forma de base no es el esquema argumentativo monologal sino la pareja de esquemas. Si yo digo "el hachís es como la cocaína" procedo a una categorización; si digo "el hachís no tiene nada que ver con la cocaína" rechazo la categorización y estigmatizo la posición antagonista como amalgama. En otros términos, la etiqueta "amalgama" solamente realiza una denominación argumentativa. El único concepto que el análisis necesita es el de "categorización" –y algo de aritmética: ¿una o dos categorizaciones?

¿Hay una especificidad de las cuestiones que generan polémicas, en relación a las cuestiones que estructuran los debates en general? En otros términos, ¿existen cuestiones polémicas por naturaleza? *A priori*, sí: la argumentación se ejerce sobre actividades sumamente ordinarias y sobre los grandes temas, mientras que solo polemizaríamos sobre cuestiones que ponen en juego temas importantes (religiosos, políticos, ideológicos). El objeto de la polémica debería ser del orden de lo no-prosaico. Sin embargo, esta condición intuitiva no se corresponde con el uso actual del término.

Hemos destacado el hecho de que el objeto de las polémicas son los debates entre visiones de mundo radicalmente incompatibles. Polemizar sería "intercambiar mutuas interincomprensiones" (Maingueneau 1983, 9). Pero la incompatibilidad de valores tampoco es lo que caracteriza a la polémica. Esta constituye la base de la argumentación, incluso de la más cotidiana, por ejemplo en el conflicto alimentario citado arriba: el principio de economía se enfrenta al principio de placer y a las recomendaciones de la dietética, mundos incomunicados entre sí. Este es un punto fundamental: no se puede reducir la función de la argumentación a la clarificación de malentendidos, ni a la correcta deducción de una conclusión a partir de determinados elementos compartidos. Perelman hubiera visto allí una confusión con la demostración.

Las situaciones lingüísticas pueden ser argumentativas en diversos grados: la polémica es, en principio, radical, moviliza públicamente dos campos representados por los polemistas que están en escena. No se polemiza por cuestiones privadas, en esos casos se pelea. La polémica puede, evidentemente, desplegarse a partir de un asunto inicialmente privado, un conflicto de locación por ejemplo, pero es necesario que ese conflicto adopte un giro público, que ponga en cuestión grandes principios y que enfrente a grupos de defensores vinculados a e identificados con esos principios. Pero la cuestión siempre puede ser tratada argumentativamente, aunque más no sea en los tribunales; vale resaltar que ese sitio prototípicamente argumentativo no admite la polémica, incompatible con el cierre implicado en la obligación de juzgar y en la autoridad de la cosa juzgada.

Estas indicaciones van en el sentido de una banalización de la polémica: esta no puede ser caracterizada ni por las formas de los argumentos que hace circular, ni por la radicalidad de la oposición de los valores que subyace, ni por el tema de la cuestión que la organiza. La violencia y las emociones que allí se manifiestan se encuentran en muchas otras formas de discursos y de interacciones.

Vamos a explorar otra dirección de investigación, poniendo nuestro interés en el funcionamiento de la palabra *polémica* en un corpus, de acuerdo al principio cartesiano "Antes de saber si una cosa es, hay que saber qué es" (Descartes, citado por J. Wahl en Mus 1977, 76).

3. Polémica: abordaje de un corpus de títulos

3.1. Discurso del analista y discurso del militante

Las hipótesis externas son aquellas que –a menudo implícitamente– preceden a la elección de los objetos de estudio. El objeto tradicional de las teorías de la argumentación se constituye por el episodio argumentativo seleccionado, cuya dimensión puede variar entre el par de enunciados, el párrafo o el texto. Sin excluir esos objetos clásicos, la perspectiva que aquí adoptamos considera que los objetos de estudio fundamentales de la argumentación son complejos discursivos de gran dimensión, de naturaleza interaccional-comunicacional. De allí que los problemas vinculados con la constitución del corpus estén en primer plano. El campo de estudio se extiende de la simple divergencia conversacional cara a cara hasta los grandes desacuerdos orquestados mediática o institucionalmente.

Dentro de ese campo, nada obliga a restringir las elecciones posibles a objetos contemporáneos o a acontecimientos de actualidad, pero nada lo impide. Ahora bien, si queremos estudiar la argumentación polémica en corpus contemporáneos, debemos ser conscientes del riesgo de mezclar el discurso del analista con el del militante. De hecho, si elegimos objetos contemporáneos "calientes", objetos de debate "violentos y agresivos" –por ejemplo, la cuestión de la regularización de los indocumentados– nos encontraremos frente a una exigencia que es tanto deontológica como metodológica: el analista no debe comportarse como aliado de una de las partes. Si este principio no es respetado, cambiamos de rubro: entonces debemos, sin dudarlo, verter en el corpus aquello que se muestra como propio del análisis. El respeto de ese principio de neutralidad, o de paciencia, o de puesta entre paréntesis de los compromisos, pone la observación en primer plano: miramos y describimos cómo se organizan y se gestionan los diferendos (Doury 1996). En casos como el del debate sobre la inmigración una actitud como esa parece difícil.

3.2. "La nueva polémica"

La investigación puede iniciarse a partir de los usos actuales de la palabra *polémica*. La base Frantext provee 293 usos del término en un corpus compuesto por textos literarios y ensayísticos, desde el año 1900. Además, los artículos de *Le Monde* en CD (1996-1998) permiten acceder a más de 6000 ocurrencias. Relevamos más de 400 ocurrencias de títulos que contienen la palabra "polémica" o que son etiquetados con el término "polémica" por *Le Monde*[25]. Utilizaremos además algunas ocurrencias de la palabra "polémica" elegidas casi al azar en artículos recientes de ese periódico.

---

[25] Accedí a estos documentos a través de Pierre Fiala, del equipo ANACOLUT, ENS de Fontenay - Saint Cloud, a quien le agradezco.

Señalemos primero que el discurso periodístico no distingue necesariamente entre "debate", "controversia" o "polémica" (el subrayado es nuestro):

[Volanta]   Historia –Un libro publicado por seis autores en ocasión del octogésimo aniversario de la Revolución reaviva la <u>polémica</u> sobre los crímenes de los regímenes comunistas y sobre la culpabilidad de los militantes que participaron de esos regímenes o que los defendieron en los países no comunistas. Reuniendo datos más recientes, el *Livre*

[Título]   *noir du communisme* […]

[Sub-título]   Nueva <u>controversia</u> sobre el carácter criminal del comunismo

                Un libro colectivo en el que se asociaron especialistas en el sistema nacido en Moscú en 1917 relanza el <u>debate</u> sobre la naturaleza de ese totalitarismo. Algunos de sus autores se oponen al historiador Stéphane Courtois en relación a las similitudes que este establece con los regímenes fascista y nazi.

Le Monde 9-10, de noviembre de 1997

La asimilación de las significaciones es el precio a pagar por la prohibición de repetir.

Las veinte primeras ocurrencias aparecidas permiten mensurar la amplitud del campo y constatar que todos los temas sociales mediatizados son susceptibles de ser afectados por el modo polémico:

Los frenos direccionales alimentan la polémica
Polémica en el Líbano sobre el matrimonio civil
La gestión de los consejos regionales no crea polémica entre izquierda y derecha
En Lille, operaciones contra la prostitución suscitan una polémica
La polémica sobre el "silencio" de Pío XII
El FN intenta hacer del arte contemporáneo un tema de polémica en la campaña electoral
Continúa la polémica entre Marie Ndiaye y Marie Darrieussecq
Polémica entre Opel y Volkswagen sobre la seguridad del Golf IV
Polémica sobre la reforma de 1994
Alemania: polémica sobre el déficit público alemán
Polémica sobre el arsenal biológico en manos de los iraquíes
Polémica sobre la investigación de las masacres en el ex Zaire
Polémica sobre las movilizaciones de los desocupados
Polémica en la "Tribune de Genève"
Polémica en torno a un laboratorio del Inserm en Rennes
Polémica sobre el tratamiento de los desechos en Ile-de-France
La renacionalización de Preussag Stahl provoca una polémica en Alemania
La polémica de la Soufrière
Se recalienta la polémica entre Claude Allègre y los sindicatos docentes
Polémica sobre las masacres de Sidi Hammed
Edición: polémica por la propiedad de 154 escritos del autor ruso Boris Pasternak

En el curso de dos años, el periodista detecta entonces centenares y centenares de objetos discursivos susceptibles de ser adecuadamente designados como *polémicas*. Así pues, podemos elaborar la hipótesis de una extensión de la palabra "polémica". La polémica no debe ser considerada ni como un modo de tratamiento privilegiado de algunos grandes problemas permanentes ni como un modo excepcional de interacción discursiva. Esto tiene como consecuencia inmediata que esta nuevas polémicas no están a cargo de *polemistas*, en el sentido de "personas que practican, que aman la polémica" (*Petit Robert*), sino de *polemizadores*, que podríamos definir como locutores ordinarios involucrados en una cuestión para ellos vital que los sobrepasa, e implicados, de mal o buen grado, en una relación de lenguaje cargada de violencia y de emoción que el observador periodista puede denominar *polémica*. Toda idea de debatidor profesional poseedor de una competencia polémica politemática desaparece, lo que implica probablemente una reconsideración de lo que podríamos denominar el *goce polémico*. El vínculo con los panfletarios y los imprecadores se ha roto.

Referencias bibliográficas

BERNAND, MARIE (1970). *L'accord unanime de la communauté comme fondement des statuts légaux de l'Islam d'après Abu l-Husayn al-Basri*. París: Vrin.

CASAGRANDE, CARLA y SILVANA VECCHIO (1991). *Les Péchés de la langue*. París: Le Cerf.

DOURY, MARIANNE (1996). *Le Débat immobile. Analyse de l'argumentation dans le débat médiatique sur les parasciences*. París: Kimé.

DUCROT, OSWALD (1972). *Dire et ne pas dire. Principes de sémantique linguistique*. París: Hermann.

DUCROT, OSWALD (1984). *Le dire et le dit*. París: Minuit.

VAN EEMEREN, FRANS y ROBERT GROOTENDORST (1996). *La Nouvelle dialectique*. París: Kimé.

VAN EEMEREN, FRANS et al. (1996). *Fundamentals of Argumentation Theory. A Handbook of Historical Backgrounds and Contemporary Developments*. Mahwah, NJ: Erlbaum.

KERBRAT-ORECCHIONI, CATHERINE y NICOLE GELAS (eds.) (1980). *Le Discours polémique*. Lyon: Presses Universitaires de Lyon.

GRIZE, JEAN-BLAISE (1982). *De la logique à l'argumentation*. Ginebra: Droz.

GRIZE, JEAN-BLAISE (1990). *Logique et langage*. París: Ophrys.

HAMBLIN, CHARLES (1970). *Fallacies*. Londres: Methuen.

LAKOFF, GEORGE y MARC JOHNSON (1985). *Les Métaphores dans la vie quotidienne*. París: Minuit.

LAUSBERG, HEINRICH (1960). *Handbuch der literarischen Rhetorik*. Munich: Max Hueber.

LOCKE, JOHN [1690] (1959). *An Essay concerning human understanding*. 2 vol. Nueva York: Dover.

MAINGUENEAU, DOMINIQUE (1983). *Sémantique de la polémique*. Lausana: L'âge d'homme.

MUS, PAUL (1977). *L'angle de l'Asie*. París: Hermann.

PERELMAN, CHAIM y LUCIE OLBRECHTS-TYTECA [1958] (1976). *Traité de l'argumentation. La nouvelle rhétorique*. Bruselas: Presses de l'Université de Bruxelles. [Trad. esp.: *Tratado de la argumentación. La nueva retórica*. Madrid: Gredos, 2009].

PLANTIN, CHRISTIAN (1997). "L'argumentation dans l'émotion". *Pratiques* 96: 81 100.

PLANTIN, CHRISTIAN (1998). "Les raisons des émotions". En *Forms of argumentative discourse / Per un'analisi linguistica dell'argomentare*, editado por Marina Bondi. Bologna: CLUEB.

TOULMIN, STEPHEN (1994). *The Uses of argument*. Cambridge: Cambridge University Press.

Segunda parte

La polémica en interacción. Discursos políticos, controversias mediáticas y manifestaciones públicas

El arma de la burla en J.-M. Le Pen*

Simone Bonnafous

Aunque ha sido muy estudiado y es fuente de innumerables trabajos universitarios, más que el de cualquier otro político contemporáneo, el discurso de J.-M. Le Pen nunca fue estudiado sistemáticamente desde la perspectiva de la burla. ¿Temor de iluminar un aspecto demasiado original de este discurso? ¿Temor de verse obligado a reconocer la capacidad de seducción de una verba que, por más agresiva que resulte, no por ello deja de hacer reír? Todo eso al mismo tiempo, sin duda; por otra parte, tal vez sea más fácil abordar de frente este tema en nuestros días, en un momento de reflujo del movimiento de extrema derecha dirigido por J.-M. Le Pen.

Recordemos en primer lugar que el discurso político durante mucho tiempo ha hecho un uso frecuente de la "burla", es decir, de esa asociación de humor y agresión que la caracteriza y la distingue, en principio, de la pura injuria. Desde los *Père Duchêne*[26] monárquicos y revolucionarios hasta la prensa política de entre-guerras, y en particular la prensa fascista, el discurso político francés se ha nutrido de chanzas, bromas, juegos de palabras e ironías, etc. El apogeo de esta violencia verbal fue probablemente el caso Dreyfus, durante el cual la derecha antidreyfusista, antiparlamentaria, antisemita, pero también la izquierda radical y revolucionaria, a menudo anticlerical y a veces antiparlamentaria, se entregaron alegremente a la invención verbal y a la composición. Así, "cléricafard", "cléricathareux", "cléricuillard", "dépoté", "radigaleux"[27] a menudo forman parte de las amabilidades verbales intercambiadas en el espacio público de la IIIº República[28]. Sufijos peyorativos en –ard, –ade, –aille, –âtre, –erie[29], finales eruditos y paródicos, truncamientos y deformaciones, composiciones en –o[30] y "acumulaciones heroico-cómicas"[31] hacen punta.

---

* Bonnafous, Simone (2001). "L'arme de la dérision chez J.-M. Le Pen". *Hermès* 29 : 53-63.

[26] Ver Guilhaumau (1986), entre otras numerosas publicaciones sobre el tema.

[27] Ver los capítulos "Le vocabulaire du pouvoir", de S. Bonnafous, J. P. Honoré y M. Tournier y "Chronique lexicale des événements politiques" de N. Arnold, F. Dougnac y M. Tournier en Antoine y Martin (1985).

[28] Juegos de palabras que combinan los términos "clérigo" y "soplón" (*cléricafard*), "clérigo" y "cátaro" (*cléricathareux*), "clérigo" y "cojones" (*cléricouillard*), "diputado" y "chata" (*dépoté*) y "radical" y "sarnoso" (*radigaleux*), a los que en ocasiones se les agrega un sufijo peyorativo (*-ard*) [ASM].

[29] En español, algunos sufijos peyorativos son –aco, –acho, –ajo, –astro, –ejo, –engue, –ingo, –ito, –oide, –orro, –ucho, –uelo, entre otros [ASM].

[30] Equivalentes a las formulaciones finalizadas en –ón/ona (tontón, cabezón, vozarrón) [ASM].

[31] Ver Honoré (1998).

Luego de la Segunda Guerra Mundial y tras la descalificación de hecho del discurso panfletario[32] y de su carga de burla, por el uso que hicieron de él Céline, Rebatet, Bernanos y otros, sobre todo a partir de endurecimiento de las leyes sobre la prensa, la difamación y las declaraciones racistas, luego también de que estuviera asegurada la independencia casi general de la prensa nacional con respecto a los partidos, el discurso público de la prensa y de los hombres políticos se sosegó considerablemente. La verba satírica, las bromas, los juegos de palabras y las caricaturas o pastiches se replegaron a lugares reservados, como *Charlie Hebdo* y *Le Canard Enchaîné*, y a programas de televisión recientes como el *Bébête Show* o *Les Guignols de l'Info*[33]. Incluso estos últimos están sometidos a las leyes citadas más arriba, y muchas veces son muy criticados. Así, el *Bébête Show* fue acusado de hacerle el juego a Le Pen, de degradar la imagen de la política y sobre todo de haber provocado el suicidio del primer ministro Pierre Bérégovoy el 1 de mayo de 1993, del mismo modo que una campaña de la prensa de extrema derecha había provocado el de Roger Salengro en 1936.

De allí que el discurso político corriente, sea el de los profesionales de la política o el de los editorialistas de la gran prensa nacional y local, se haya vuelto muy civilizado. Basta con ver las quejas o al menos la sorpresa que en ocasiones suscitaron ministros como Claude Allègre[34] o Jean-Pierre Chevènement[35] para certificarlo. Indudablemente, no es azaroso que esos dos ministros, que se destacaron durante el gobierno de Jospin por su hablar franco y sus dichos estruendosos, se percibieran como "outsiders" políticos, portadores de una visión fuerte de la Escuela, la República, Francia, etc. que estaban dispuestos a defender contra viento y marea… a costa de dejar en el camino la cartera ministerial. Probablemente, sus dificultades sean, en el fondo, la confirmación de la hipótesis propuesta por Marc Angenot:

> Es posible que asistamos actualmente a la "muerte" de ese modelo polémico que Bloy, Péguy, Bernanos, Berl han sucesivamente alimentado, y cuyos representantes "retardados" serían, entre nosotros, los Jean Cau y los Maurice Clavel; es posible que el modelo del fulano provisto de un mandato de denuncia, atado a formas de *pathos* y de elocuencia obsoletas, esté siendo sustituido por otro tipo instituido de "crítica radical" […], apoyado en el prestigio de un saber técnico y ya no en las verdades de la buena fe y del coraje individual (Angenot 1982, 320).

---

[32] El trabajo más acabado sobre esta cuestión sigue siendo, por supuesto, *La parole pamphlétaire* de Marc Angenot (1982).

[33] Sobre *Les Guignols de l'info*, ver Collovald y Neveu (1996; 1998).

[34] La metáfora del "mamut" a "desengrasar" quedará en los anales, así como el oxímoron de los "revolucionarios del *statu quo*" para designar al sindicato de docentes del segundo grado. Ver *Le Monde,* 25/03/00.

[35] Piénsese, por supuesto, en los "niños salvajes", metáfora empleada por el ministro del Interior en otoño de 1999 para designar a los jóvenes reincidentes, pero también en las virulentas diatribas contra la "izquierda bien pensante" o contra los "*soixante-huitards*" retrasados que todavía no comprendieron que una sociedad mínimamente civilizada no puede mantenerse sin reglas" (*L'Est Républicain*, 13/01/99).

Es en este contexto general de normalización y apaciguamiento retórico del discurso político que hay que apreciar el sentido y el alcance de la burla en Jean-Marie Le Pen. Consciente de su singularidad, este último hace de ella, en principio, un argumento de distinción. Contrariamente a los otros hombres políticos, que a sus ojos son todos unos enarcas[36] aburguesados, él es el único que conservó el hablar franco popular de Rabelais, de los galos y los bretones… "Yo soy un hombre del pueblo. Mi tradición es la tradición gala. Rabelais, actualmente, está muy mal visto, eso lo sé. De hecho, yo practico el humor bretón… pero sé que es racista"[37]. Reservándose toda alusión a las prácticas panfletarias de la extrema derecha de los años 1930 y de sus ancestros antisemitas o antiparlamentarios, Le Pen prefiere hacer referencia a una suerte de "genio nacional" que él encarnaría incluso en la práctica de metáforas sexuales: "Yo soy un galo. No soy un mojigato en el terreno sexual. Eso no me inhibe para nada, pero para nada. Creo que en ese sentido yo soy un francés arquetípico"[38]. Paria de la política y víctima de un vasto complot mediático, Le Pen habría elegido las armas de los débiles y los contestatarios, las del bufón del rey, las del contrapoder, las de Gavroche.

Al lado de la crítica y de la agresión verbal pura, es posible extraer de las intervenciones lepenistas una gran cantidad de procedimientos que apuntan a descalificar al Otro mediante la puesta en ridículo. Sin entrar en un ensayo taxonómico que carecería de interés, es posible, sin embargo, detectar tres modos preponderantes, que corresponden a tres regímenes de adversarios diferentes.

1. Burla en la interacción

En otro trabajo (Bonnafous 1997) hemos destacado el vínculo conflictivo que J.-M. Le Pen mantiene con los medios y el uso que sabe hacer de esa conflictividad bien cultivada. Los periodistas son, así, la primera víctima de una estrategia de burla "in præsentia" que apunta a la vez a deslegitimarlos en su rol y en su estatus, y, en un mismo golpe, a esquivar ciertas preguntas embarazosas. Hacerlos decir y asumir lo que no quieren ni decir ni asumir, volverlos intolerantes y agresivos, hacerlos enredarse en sus contradicciones, "cerrarles el pico" por salidas imprevistas, toda la interacción con los periodistas es concebida y dirigida por J.-M. Le Pen con el objetivo visible de un *knock-out* verbal[39]. Uno de sus métodos consiste en desbaratar la expectativa del periodista que, en base a sus antecedentes, reprocha al líder lepenista las expresiones que de hecho nunca pronunció en el programa o en el contexto en el que se produce el debate. El programa 7/7 del 26 de febrero de 1995 nos provee un excelente ejemplo, en el que podemos ver los roles de los dos protagonistas totalmente

---

[36] El término "enarca" [*énarque*] refiere a los graduados de la prestigiosa École Normale d'Administration (ENA) [ASM].

[37] *Le Figaro-Magazine,* 16 de abril de 1988, 145.

[38] Citado en Jouvé y Magoudi 1988, 66.

[39] Sobre el rol de la burla en el discurso conflictivo, ver Windish 1987, 34-58.

invertidos: Jean-Marie Le Pen aparece como un hombre controlado, que sopesa sus palabras y da lecciones de etimología social, y Gérard Carreyrou como un personaje retorcido, de mala fe, que lo acusa erróneamente de calificar de "incidente" un asesinato racista o de proponer el encierro de los inmigrantes en "campos de concentración"[40]. Idéntica fue la estrategia en un diálogo con Christine Ockrent (en el programa llamado *Dimanche Soir* del 15 de septiembre de 1996) en el que J.-M. Le Pen, jugando a las astucias del implícito, disfruta al obligar a la periodista a renunciar *in extremis* a su acusación, so pena de verse forzada a proferir ella misma la palabra que él había cuidadosamente evitado formular:

— C. Ockrent: Hay que decir que ayer en Marsella usted se sobrepasó.

— J.-M. Le Pen: ¿Ah sí?

— C. Ockrent: Habló de la derecha asalmonada, de la izquierda caviar.

— J.-M. Le Pen: Sí, ¿acaso eso está prohibido por la moral republicana?

— C. Ockrent: De la prensa izquierdista y masónica. ¿No se le olvidó un adjetivo ahí?

— J.-M. Le Pen: Ah no, no, no.

— C. Ockrent: Está bien.

— J.-M. Le Pen: ¿Usted quiere que lo agregue?

— C. Ockrent: No.

— J.-M. Le Pen: ¿Cuál? ¿En qué está pensando usted?

— C. Ockrent: Yo, en nada, pero me preguntaba si no había un olvido de su parte.

— J.-M. Le Pen: Está muy bien, vea usted, cómo nos arreglamos.

Otra estrategia, de la que Jean-Marie Le Pen no tiene evidentemente el monopolio, consiste en ubicar al periodista en contradicción con sus valores y sus referentes. De ese modo, siempre en el mismo programa, Christine Ockrent es reducida al silencio mediante la mención al "racismo" de Jules Ferry y Léon Blum:

C. Ockrent: Señor Le Pen, ¿está usted dispuesto a afirmarnos esta noche, sin evasivas, sin vueltas, que las razas humanas son iguales entre sí, que ninguna es superior o inferior a otra?

J.-M. Le Pen: Podríamos decir eso, a condición de notar al mismo tiempo que todas las razas son iguales, pero que las hay más o menos iguales, no es cierto, hay algunas que son menos iguales que las otras…

C. Ockrent: Entonces eso quiere decir que hay ¿qué?, ¿una jerarquía?

J.-M. Le Pen: No, no, no, dejo eso, esa opinión, a algunos padres de la República que no voy a dejar de citarle. Por ejemplo Jules Ferry: "el deber de los pueblos civilizados es aplicar la mayor benevolencia en las relaciones con los pueblos bárbaros, la benevolencia de una raza superior que no conquista por placer".

---

[40] Para un análisis detallado de esta interacción, ver Bonnafous (1998).

Y continúa con una cita de Léon Blum del mismo estilo, mientras Christine Ockrent, confundida, hunde su nariz en sus papeles. Hemos de destacar finalmente, sin pretender ser exhaustivos, la táctica que consiste en proveer una respuesta que ridiculiza la pregunta y permite de ese modo no responderla. Es así como en el programa *L'heure de vérité* del 31 de enero de 1993 Alain Duhamel le pregunta a J.-M. Le Pen qué piensa del principio de purificación étnica, y este último le responde: "No tengo ninguna opinión sobre eso". A. Duhamel insiste: "Podría condenarlo". Y J.-M. Le Pen cierra el debate mediante una enumeración que apunta a quitarle todo sentido a la pregunta: "Condeno la purificación étnica, el cáncer de mamas, el granizo, los accidentes de tránsito, en síntesis, todos los males del mundo"[41].

2. "Figuras de la agresión"

Blancos privilegiados de las tácticas de ridiculización y de desestabilización *in præsentia*, los periodistas se encuentran también, junto con el conjunto de la clase política y de sus adversarios, entre las víctimas "in absentia" de los juegos de palabras, neologismos, retruécanos, metáforas y acrónimos que a J.-M. Le Pen le fascinan. Rasgos físicos, nombres propios, caracteres y prácticas presumidas, todo constituye, en efecto, un pretexto para emplear fórmulas despreciativas con respecto a funcionarios "que hacen entre cincuenta lo que podrían hacer solo diez", maestros "barbudos e izquierdistas"[42], "huelguistas perezosos y holgazanes", "curas que se entregan al clericalismo marxista", o al "periodista Botherel del *Figaro* que destila la amargura rancia de un debilucho", al "funcionario Barre que siempre espera su cheque a fin de mes", al "cretino de Doubin" [Doubin crétin][43], a "Fabius *cunctator*" devenido "Fabius Giscardor"[44], etc.

Las metáforas y comparaciones sexuales abundan, contra Michel Rocard, "el campeón del retiro voluntario"[45], contra los partidos tradicionales a los que Le Pen impediría "empalmarse de a cuatro"[46], contra la UDF [*Union pour la Démocratie Française*] y el RPR [*Rassemblement pour la République*], representados como "viejas frígidas" a las que no tendría la "intención de violar"[47], contra la "asociación de mujeres en celo del Maghreb"[48], etc.

De este modo, encontramos en el discurso lepenista la totalidad de los procedimientos que Marc Angenot denomina "figuras de la agresión" o "conjunto de medios no demostra-

---

[41] Para este ejemplo y otros del mismo estilo, ver Achard 1995: 115-ss.

[42] Fórmulas lanzadas en un encuentro electoral en Aulnay y reportadas por *Le Monde* del 05/11/1983, 32.

[43] Todas esas fórmulas forman parte de una larga lista de citas de la misma índole, blandidas en la cara de J.-M. Le Pen por J. F. Kahn, con apoyo de recortes de prensa, en *L'Heure de vérité* del 27 de enero de 1988.

[44] Le Pen 1985, 48.

[45] Citado entre una impresionante selección de declaraciones del mismo tipo por Warin 1995, 69.

[46] En Lutz 1988, 23.

[47] Le Pen en el programa *Face au public* del 9 de enero de 1984, citado por Lutz 1988, 25.

[48] Citado por J. F. Kahn en *L'Heure de Vérité* del 27 de enero de 1988.

tivos, no argumentativos, que apuntan a desconsiderar al adversario, a inquietar al lector, a desestimular la controversia, a amenazar sin refutar" (1982, 249), entre los cuales ubica tanto la injuria y la metáfora polémica como el sarcasmo, la antífrasis y el juego de palabras.

Esta práctica de la burla plantea, por cierto, la delicada pregunta acerca de la distinción entre la "broma" y la "caricatura", que tendrían una naturaleza esencialmente humorística, y la injuria y el sarcasmo, que tendrían más bien una tendencia agresiva. No pretendemos aquí tratar este tema extremadamente complejo, tal como se entrevé a partir de su simple formulación, y reenviamos a la lectura del libro de Evelyne Laguerche, titulado *L'injure à fleur de peau* [*La injuria a flor de piel*] que se apoya en y discute con las tesis de Freud. Sin proveer una respuesta definitiva, esa obra muestra claramente que la frontera entre las injurias y los chistes o juegos de palabras puede ser muchas veces extremadamente tenue y móvil, y que el "efecto injuria" o el "efecto burla" dependen ampliamente del contexto, de la intención que se le pueda atribuir o no al autor, de la reacción de la persona que constituye el blanco, de la actitud de los auditores y de su pertenencia o no al mundo social o ideológico del autor, etc.

Algunos juegos de palabras y fórmulas de J.-M. Le Pen claramente hacen reír a vastos auditorios[49] y son muy cercanos a lo que podrían proponer los programas satíricos. Es el caso del programa 7/7, ya citado, cuando denuncia a la oposición política de "darse una mano mientras mete la otra mano en la valija"[50], o del juego de palabras con el nombre propio de Philippe de Villiers que J.-M. Le Pen adorna con el número 000, en alusión a sus resultados electorales: "Y lo que sé sobre espionaje lo sé sobre todo por leer al señor de Villiers, el novelista, no el otro. El de 007, no el de 000". Del mismo modo, resulta difícil no sonreír con la evocación de Estados Unidos, que ofrece "el triste espectáculo de un presidente pícaro, saltarín e hilarante, perseguido por Tartufos exhibicionistas"[51].

Es absolutamente claro que por razones contextuales, históricas e ideológicas, los "juegos de palabras" sobre "Durafour-crematorio" o sobre "mamma Haine Sinclair, vendedora de corpiños en TF1"[52] no pueden ser apreciados como simples juegos de lenguaje. Lo que no impide que J.-M. Le Pen niegue toda posible carga de odio en sus declaraciones y que reivindique el derecho a la broma y a la ironía:

> Les propongo el desafío de encontrar una sola palabra de odio, suelo ironizar sobre mis adversarios políticos, suelo subrayar sus ridiculeces o sus insuficiencias, pero ahí estoy en mi rol, y no hay que ser un fino letrado para entender lo que quiere decir "Castigat ridando", ¿no es cierto?: "Castiga haciendo reír", "corrige haciendo reír"...

---

[49] Testeado al menos en un público de estudiantes, en su inmensa mayoría poco favorables a las ideas lepenistas y al personaje.

[50] Alusión a una rocambolesca entrega de una valija llena de billetes en el *affaire* llamado "Schuller-Maréchal".

[51] Discurso de Le Pen pronunciado en la fiesta de BBR en 1998, luego del *affaire* Lewinski, citado por Dupuis 1999, 26 y 152.

[52] Cita del discurso de cierre de la fiesta de los Bleu-Blanc-Rouge, el 20 de octubre de 1985, en Birenbaum 1992, 37.

le responde a F. Kahn, que acaba de leer una larga lista de fórmulas asesinas e hirientes pronunciadas por el presidente del Front National[53]. Con el mismo tono se defiende luego de su juego de palabras sobre Michel Durafour, ministro de la Función Pública:

> Creo comprender que en política hay palabras sagradas, que está prohibido utilizar, hay un nuevo delito político que es el delito de la blasfemia, porque yo he calificado al señor Durafour con un juego de palabras cuya fineza podemos apreciar o no, Durafour y Dumoulin, Durafour-crematorio[54]. El señor Durafour quería la desaparición del Front National, me parecía una buena palabra. Y el hecho de que haya provocado este tipo de reacciones muestra en qué estado de servidumbre se encuentran nuestros espíritus. Ahora, yo querría que se estableciera la lista de mis libertades. Hombre político francés, ¿qué cosas tengo derecho a decir todavía?[55]

¿Juego de palabras o injuria? Apurada por zanjar la cuestión, la justicia duda: lo condena en Nanterre por "injuria hacia un ministro" y apela en Versailles por la razón de que se trataba de "un juego de palabras proferido en periodo preelectoral contra un adversario político que no había ocultado su voluntad de eliminar a un partido de la oposición, en este caso el F.N."[56]. Prueba, por si hacía falta, de la frecuente imposibilidad de disociar juego de palabras de injurias, caricatura o sarcasmo. "Durafour-crematorio" es, al mismo tiempo, una injuria y un juego de palabras, como "Mamma Haine Sinclair"[57] o como "F. Haine", fórmula frecuentemente utilizada por los adversarios del F.N. Por otra parte, todo el peligro y toda la fuerza de estas fórmulas reside en la posibilidad de divertir a aquellos mismos que en el fondo las condenan: por el placer provocado, el autor del juego de palabras o de la caricatura injuriosa buscaría establecer una complicidad forzada con su auditorio, en detrimento de la persona atacada.

Con sus juegos de palabras y sus bromas con "efecto injurioso" Jean-Marie Le Pen gana al menos en cuatro terrenos. Denigra y ridiculiza a sus adversarios, lo que constituye su objetivo primordial; se dispensa de fundamentar o de demostrar sus ataques; "ablanda" a su auditorio o a sus lectores provocándoles una sonrisa o admiración frente a sus proezas verbales o a sus invenciones; y, no menos importante, evita los procesos judiciales o los vuelve engorrosos, al usar las bromas como protección.

---

[53] En el programa *L'Heure de vérité* del 27 de enero de 1988.

[54] Juegos de palabras con "four" y "moulin", en referencia al proverbio "être au four et au moulin" [*estar en la misa y en la procesión*] en el primer caso, y con "four crématoire" [*horno crematorio*] en el segundo [ASM].

[55] Conferencia de prensa retomada por *FR3* el 3 de septiembre de 1988, en el servicio informativo de las 22 horas.

[56] Birenbaum 1992, 145, nota 3.

[57] Juego de palabras con "Anne" y "haine" [*odio*], en alusión a la periodista Anne Sinclair [ASM].

3. Ironía y antífrasis

Si la burla lepenista toma frecuentemente como blanco a las personas, son sin embargo las ideas, la política y los programas de sus adversarios lo que el líder de extrema derecha combate en primer lugar. También en este caso, la burla es una de sus armas favoritas. Los discursos y los escritos de Le Pen están así plagados de caricaturas de las posiciones adversas, de antífrasis, de sermocinaciones[58], de "citas-confesiones"[59] que constituyen un dialogismo polémico en el que la palabra y el pensamiento del otro son incesantemente subvertidos y pervertidos.

> –Si aplicáramos la filosofía de M. Harlem Désir, hubiera bastado con que los alemanes dejaran sus cinturones y sus fusiles en la frontera y con que entraran con un equipaje de turista o de inmigrante para que los aceptáramos[60].
> –¡Franceses, celebren la contribución de los cingaleses a nuestra economía, de los turcos a las bellas artes, de los zaireños a la técnica, de los argelinos a las costumbres! Sin ellos, no es así, seguiríamos siendo unos salvajes… [antífrasis][61].
> –Esta caza de brujas es llevada adelante bajo las órdenes de lobbies racistas anti-franceses. Crea un verdadero "ambiente terrorista", como reconoce Séguin. Haría falta, dice él, tener el coraje de afrontarla, las agallas de exponer su reputación, y ni el señor Séguin, ni el señor Madelin ni el señor de Villiers tienen el coraje para hacerlo. Son cómplices por cobardía. Su consigna es: ¡Coraje, huyamos![62] [Sermocinación y oxímoron].
> –¿Son conscientes, todos los que berrean por Europa como cabras [estrategia de la confesión y metáfora animalizante], que esta Europa satélite, sin impulso vital, moral o cultural, será un terreno de colonización, de orden económico para algunos y demográfico para otros?[63]

La burla puede marcarse también con la presencia de un "sic" sarcástico. El artículo de Alice Krieg llamado "Vacance argumentative: l'usage de (sic) dans la presse d'extrême-droite contemporaine" ["Vacancia argumentativa: el empleo de (sic) en la prensa de extrema derecha contemporánea"] (1999) propone un análisis muy convincente sobre eso. De notable sobreempleo en el conjunto de la prensa de extrema derecha, el "sic" puede remarcar la falta ortográfica de un inmigrante o de la administración, ironizar sobre el mal empleo de una palabra o denunciar falsedades. En todos los casos, el "sic" se caracteriza por lo que Krieg llama

---

[58] Angenot (1982, 289), retomando a Fontanier, define la sermocinación como el "discurso directo ficticio, mediante el cual se hace hablar a alguien, en particular al adversario, según lo que creemos que es su posición en el debate".

[59] En el sentido que Mouillaud y Têtu (1989, 143) le dan a esta expresión: "la estrategia de la confesión […] consiste en endosar al blanco el discurso que el locutor sostiene sobre él".

[60] Le Pen 1985, 289.

[61] Le Pen 1985, 242.

[62] Discurso de cierre de BBR citado por Dupuis 1999, 21.

[63] Discurso de cierre de BBR citado por Dupuis 1999, 26.

"una forma de cobardía argumentativa: es un acto de acusación que no dice sobre qué recae la acusación, y, en caso de denunciar una 'mala palabra' del otro que nombra mal, no dice cuál sería la 'palabra adecuada' que nombraría correctamente. El 'sic' apela, por lo tanto, a la connivencia de aquel que sabe y de aquel que comprende" (1999, 20). De esta apelación a la connivencia y al trabajo interpretativo del lector o del auditor fundado en el recurso masivo al implícito, Alice Krieg da una pléyade de ejemplos extraídos de *Minute*, de *National Hebdo* o de *Rivarol*. Entre los más típicos podemos citar aquel caso en el que, en el programa *National Hebdo* del 19 de febrero de 1998, se enfrenta a las tesis comunistas sobre la inseguridad: "La candidata comunista a las próximas elecciones cantonales acaba de dirigir el mismo tipo de propuesta a las comunidades sobre el tema de 'la inseguridad y del racismo' (sic). La propuesta, por supuesto, está firmada también por el M.R.A.P." (1999, 26).

Desde el punto de vista de los mecanismos y de las funciones, podemos decir, luego de este rápido repaso de las formas y empleos de la burla en J.-M. Le Pen, que los tres casos que analizamos, ridiculización de los periodistas en la interacción, juegos de palabras y bromas más o menos injuriosas con respecto a los adversarios ausentes e ironías sobre las tesis y los términos adversos, tienen en común el hecho de poner en juego lo implícito, de dispensar de la carga de la prueba y de crear, voluntaria o forzosamente, complicidad con el "tercero" a costa del blanco del discurso polémico. En este punto el discurso de Jean-Marie Le Pen se inscribe plenamente en el discurso panfletario, tal como lo describe Marc Angenot: "El panfleto no se lleva bien con las estrategias ordinarias del discurso entimemático [...]. En primer lugar, no es portador de una convicción moderada, sino de una evidencia, y la evidencia es del orden del todo o nada: no se llega a ella mediante una estrategia progresiva sino que 'estalla' y ese estallido hace que no precise de pruebas" (1982, 41).

Conclusión

Para que el discurso de J.-M. Le Pen no parezca el simple y único continuador de una tradición panfletaria, "bien francesa", lo que no haría más que confirmar sus propias pretensiones, nos gustaría destacar tres puntos:

— En primer lugar, como en todo lo referente a cuestiones de estilo y de forma, J.-M. Le Pen no tiene el monopolio de ninguna de las retóricas de la burla aquí descritas. Alice Krieg destaca con certeza que *Le Canard Enchaîné* o *Charlie Hebdo* también hacen un uso frecuente del "sic", aunque la prensa de extrema derecha posee el récord de frecuencia. Del mismo modo, todos los hombres políticos emplean a veces la ironía y cada uno de ellos sabe que el diálogo polémico está cargado de deformaciones de los dichos ajenos, incluso en las interacciones cotidianas. Lo que caracteriza a los enunciados de Le Pen no es entonces la exclusividad de esos procedimientos sino su frecuencia y su violencia, que ningún otro actor político se permite.

— En segundo lugar, hay que notar que no siempre la misma postura ideológica produce necesariamente los mismos efectos. Si las tesis defendidas por Bruno Mégret y su partido, el M.N.R., surgido de la escisión con el F.N., son de hecho muy cercanas a las del F.N., e incluso levantan la apuesta en lo que concierne a la inmigración y a los inmigrantes, eso no quita que su líder no se haya destacado por sus excesos de lenguaje. "El discurso de Mégret se construye más bien desde la 'finura', de tanto en tanto desliza una imagen argumentativa, sin abusar de ellas y de forma homogénea: ese discurso choca con la heterogeneidad lepenista, que se inscribe más bien en una estrategia del exceso, del martilleo para convencer a su público" concluye G. Dupuis en su estudio comparado de los discursos de Mégret y de Le Pen previos a la escisión, cuando el primero era delegado general del F.N. (1999, 32). Una comparación de los discursos de ambos líderes actualmente publicados en sus respectivos sitios de internet confirma esa constatación de hace algunos años. ¿Hay que vincular el fracaso político del M.N. R. a esa banalidad retórica? La pregunta merece en todo caso ser planteada.

— Por fin, no habría que dejar de lado la adecuación del estilo lepenista al medio actualmente dominante, es decir, la televisión. Los discursos panfletarios estudiados por Marc Angenot son todos textos escritos: ahora bien, el de J.-M. Le Pen es en primer lugar un discurso pronunciado por un hombre corpulento, de gran presencia física, que hace de cada una de sus prestaciones un espectáculo para el "gran público", al poner a jugar alternativamente los registros del *pathos*, de la risa y del combate. La observación de cualquier programa político en el que Jean-Marie Le Pen se haya presentado permite verificar la parte considerable que ocupan los momentos en que este ríe a carcajadas y se descostilla de risa. La sala, generalmente compuesta por sus cercanos y sus compañeros políticos, ríe con él, pero a menudo también lo hacen los periodistas que lo entrevistan, al menos en una parte de las interacciones. Cuando los otros hombres políticos necesitan, para liberarse un poco del corsé retórico clásico, recorrer los programas de varietés, basta con que aparezca un Le Pen en cualquier estudio televisivo para convertirlo en una escena teatral. Habríamos llegado actualmente a una situación paradójica en la que, por un lado, los textos de ley y la formación de los hombres políticos habrían suavizado y civilizado sus discursos y en la que, por otro lado, el medio televisivo, por su dimensión emocional y espectacular, valoraría las prestaciones exuberantes y estridentes, que mezclan burla y agresión, para alegría de los telespectadores, acostumbrados a esos registros en el resto de la grilla. Sean provisorias o definitivas, las dificultades actuales del F.N. y de su líder no deben ocultar este problema, puesto que otras formaciones y otros líderes podrían estar tentados de jugar algún día con esta contradicción.

Referencias bibliográficas

ACHARD, EMMANUELLE (1995). *Jean-Marie Le Pen et les médias: l'exemple de la télévision*. Maîtrise d'histoire – París X-Nanterre.

ANGENOT, MARC (1982). *La parole pamphlétaire*. París: Payot.

ANTOINE, GÉRALD y ROBERT MARTIN (dirs.) (1985). *Histoire de la langue française. Tome 1880-1914*. París: Editions du CNRS.

BIRENBAUM, GUY (1992). *Le Front National en politique*. París: Balland.

BONNAFOUS, SIMONE (1997). "Jean-Marie Le Pen et les médias". En *La question médiatique*, dirigido por Fabrice d'Almeida, 101-113. París: Seli Arslan.

BONNAFOUS, SIMONE (1998). "Les argumentations de Jean-Marie le Pen". *Revue politique et parlementaire* 995: 27-39

COLLOVALD, ANNIE y ERIK NEVEU (1996). "Les Guignols ou la caricature en abîme". *Mots* 48: 87-112.

COLLOVALD, ANNIE y ERIK NEVEU (1998). "Les Guignols, une télé-parodie réflexive". *Champs visuels* 9: 48-60.

DUPUIS, GAËLLE (1999). *Jean-Marie Le Pen et Bruno Mégret, One idéologie, deux discours?* Mémoire de maîtrise, París V.

GUILHAUMAU, JACQUES (1986). "Les mille langues du *Père Duchêne*". *Société d'Études du XVIIIe siècle* 18: 143-154.

HONORÉ, JEAN-PAUL (1998). "Sur quelques aspects du discours de combat pendant l'affaire Dreyfus". En *Lire, écrire, penser la littérature. Mélanges A.M. Pelletier*, 43-62. París: Université de Marne-la-Vallée.

JOUVÉ, PIERRE y LI MAGOUDI (1988). *Les dits et les non-dits de Jean-Marie Le Pen*. París: La Découverte.

KRIEG, ALICE (1999). "Vacance argumentative: l'usage de (sic) dans la presse d'extrême-droite contemporaine". *Mots* 58: 11-34.

LAGUERCHE, EVELYNE (1993). *L'injure à fleur de peau*. París: L'Harmattan.

LE PEN, JEAN-MARIE (1985). *La France est de retour*. París: Carrère.

LUTZ, PIERRE (1988). "L'(im)monde selon Jean-Marie". *Raison Présente* 86.

MOUILLAUD, MAURICE y JEAN-FRANÇOIS TÊTU (1989). *Le journal quotidien*. Lyon: P.U.L.

WARIN, OLIVIER (1995). *Le Pen de A à Z*. París: Albin Michel.

WINDISH, ULI (1987). *La communication conflictuelle*. París: L'âge d'homme.

Sarkozy polemista: la "descalificación cortés" del adversario*

Catherine Kerbrat-Orecchioni

1. Introducción

Lo que puede *a priori* definir un texto como polémico es que el conjunto de sus propiedades semánticas, retóricas, enunciativas y argumentativas se encuentra al servicio de un objetivo pragmático dominante: descalificar al objeto que toma como blanco, y destruir, e incluso dar muerte, al adversario discursivo.

Esto que afirmaba en 1980 (en la presentación del volumen colectivo intitulado *Le discours polémique* publicado por PUL) es, evidentemente, totalmente válido en la actualidad: conforme a la etimología del término (derivado del adjetivo griego *polemikos*, a su vez derivado del sustantivo *polemos*, que significa "guerra"), la polémica es una guerra verbal (cuyas armas son las palabras), que implica exterminar simbólicamente al otro. De allí que el campo semántico de la lucha armada sea un generoso cantero de metáforas similares, ya que podemos hablar de "duelo" y de "lucha verbal", de "combate oratorio" y de "peloteo verbal", de "batería de argumentos" con los que "cruzar espadas" o "arremeter con artillería pesada" a fin de "desarmar" y "reducir" al adversario...

Más precisamente, el estudio de las definiciones del término "polémica" me llevó a distinguir los siguientes rasgos: se trata de un discurso

–que ataca a un blanco;
–que, a su vez, se supone que encarna o ha encarnado un discurso adverso;
–que el enunciado polémico integra y rechaza en términos más o menos agresivos.

En esos años, como casi todos los investigadores en lingüística, me interesaba esencialmente por los enunciados escritos (por los "textos", como queda dicho en la cita del epígrafe). Pero la metáfora guerrera se adecua mejor aún a la oralidad, donde, como en las guerras reales, los interactuantes pueden enfrentarse cara a cara y en tiempo real, sin la me-

---

* Kerbrat-Orecchioni, Catherine: "Sarkozy polémiste: la 'disqualification courtoise' de l'adversaire", texto inédito.

diación de lo escrito, que solo permite una réplica diferida y a distancia. La polémica adopta entonces una forma *dialogal* (dos interlocutores se encuentran en presencia del otro para intercambiar un discurso que construyen conjuntamente) y ya no solo *dialógica* (un solo locutor/escritor convoca, en su propio discurso, la palabra del adversario para refutarla, pero sin dejar de erigirse en el único organizador de esa polifonía enunciativa).

Dicho esto, no todos los intercambios orales son "polémicos". El adjetivo se aplica solamente a ciertos tipos de "discursos en interacción"[64], y muy especialmente a los *debates*, que pueden considerarse como el prototipo mismo del género polémico: "debatir" [*débattre*] viene de "batir" [*battre*] y se emparienta con "combatir" [*combattre*] y con "abatir" [*abattre*]… Un debate puede desarrollarse de modo apacible y pacífico, es cierto, pero su apuesta es siempre predominar sobre el compañero, que puede convertirse en adversario cuando se trata de un tipo particular de debate, en el que tengo interés hace algunos años: los debates mediáticos sobre temas políticos, y más específicamente, los debates electorales, en los que la polémica es llevada a su grado extremo en la medida en que el propósito último del intercambio, que determina la totalidad del comportamiento de los locutores, es el de lograr vencer al interlocutor en la interacción, con el objetivo de hacerlo también en las urnas. Se trata, entonces, de acuerdo al epígrafe de este texto, de poner las propiedades semánticas, retóricas y pragmáticas al servicio de una intención primordial: la descalificación del objeto que se define como blanco, blanco que se confunde con el interlocutor (el co-debatidor). Ciertamente, en los debates electorales esta descalificación tiene como corolario la auto-promoción del locutor, pero cuando hablamos de "polémica" es en el componente de "ataque al adversario" donde hacemos foco.

Al mismo tiempo, un debate nunca se desarrolla de manera anárquica: obedece a "reglas del género" y no todos los golpes están permitidos, menos aún en la medida en que el enfrentamiento se lleva a cabo bajo la mirada de millones de espectadores que son tanto testigos como árbitros de la regularidad de los intercambios. El dispositivo mediático se caracteriza, en efecto, por el entrecruzamiento de dos circuitos enunciativos: aparentemente, los intercambios se realizan entre debatidores, asistidos por uno o varios moderadores; pero, en realidad, esos intercambios se destinan a una segunda capa de receptores, mudos e invisibles: los telespectadores. Los debatidores deben polemizar con sus compañeros en el estudio televisivo, pero a los que deben convencer y seducir, y sobre todo no irritar, es a los telespectadores. El debate electoral somete a los participantes a una suerte de "doble restricción" (*double bind*), porque deben hacer lo necesario para abatir al adversario, pero haciendo las cosas bien: si son demasiado amables corren el riesgo de parecer insuficientemente ofensivos, pero si son muy ofensivos corren el riesgo de parecer descorteses…

---

[64] Retomamos aquí el título de nuestro libro de 2005, que traduce la expresión *talk-in-interaction* acuñada por los adeptos a la corriente del *conversation analysis*, no sin recordar que las conversaciones son formas particulares de discursos (y que, por lo tanto, su estudio se inscribe de pleno derecho en el análisis del discurso).

Las estrategias a las que los candidatos pueden recurrir para ello son extremadamente diversas. En el marco de este artículo, abordaremos un conjunto de procedimientos que corresponden a lo que podemos denominar la *descalificación cortés del adversario* (es decir, la descalificación que adopta ciertas apariencias de la cortesía). Estos procedimientos parecen, en efecto, aportar una solución particularmente apropiada para la situación de doble restricción que acabamos de señalar; doble restricción particularmente tiránica en el caso del debate que analizaremos, esto es, *el debate previo al ballotage de las elecciones presidenciales del 3 de mayo de 2007 que enfrentó a Nicolas Sarkozy y Ségolène Royal*: en tanto que candidatos aspirantes a la más alta función electiva, se supone que deben manifestarse un mínimo de respeto mutuo –restricción que probablemente pesara más fuertemente sobre Nicolas Sarkozy por el hecho de que su adversaria era una mujer–. No sorprende, en este contexto, que adoptara una actitud menos abiertamente ofensiva que en ciertos debates anteriores, como aquel en que se había enfrentado a Jean-Marie Le Pen, presidente del Front National, en el programa *100 minutes pour convaincre* del 20 de noviembre de 2003 (Sarkozy era entonces ministro del Interior), que nos servirá en este trabajo de elemento de comparación, ya que la diferencia es reveladora de la manera en que un orador puede y debe adaptar su comportamiento a las condiciones del debate y a la naturaleza de su interlocutor. Con Le Pen el objetivo no es cuidar al adversario sino golpear, y golpear fuerte; y ello por medios verbales pero también no verbales (porque en la oralidad la comunicación es "multimodal"): allí Sarkozy hace un uso poco moderado de lo que constituye uno de sus gestos característicos, el puño cerrado, que connota la voluntad, la autoridad y la pugnacidad (por alusión simbólica a la pelea de boxeo). Pero en el debate con Ségolène Royal ese gesto brutal y viril es cuidadosamente evitado. En términos más generales, todos los comentadores notaron que en ese debate Sarkozy había adoptado un comportamiento netamente menos ofensivo que lo habitual (es decir, un "perfil bajo"). En lugar de avanzar a cara descubierta, la polémica se disimula frecuentemente bajo el velo de la cortesía, una cortesía que Sarkozy ostenta de entrada[65]:

SR: monsieur Nicolas Sarkozy/ (.) vous estimez-vous/ (.) pour une part/ responsable/ (.) de la situation/ dans laquelle se trouve/ (.) la France/ (.) aujourd'hui\

NS: ben puisqu'une question m'est posée/ je crois que **la moindre des courtoisies/ c'est d'y répondre**/ est-ce que je suis responsable/ d'une partie du bilan/ du gouvernement/ oui/ madame Royal\ (.)

---

[65] Los extractos de corpus son transcritos con las siguientes convenciones: / y \ para las subidas o las bajadas entonativas; (.) para los breves silencios; dos puntos (eventualmente repetidos) para los alargamientos; corchetes [] para las superposiciones de habla; mayúsculas para las pronunciaciones enfáticas. Se subrayan en negrita los segmentos que se analizan más específicamente.

SR: señor Nicolas Sarkozy/ (.) se considera usted/ (.) en parte/ responsable/ (.) de la situación/ en la que se encuentra/ (.)Francia / (.) hoy en día
*NS: bueno ya que se me formuló una pregunta/ creo que **la mínima cortesía/ es responderla/** si soy responsable/ de una parte del balance/ del gobierno/ sí/ señora Royal\ (.)*[66]

El tono se establece desde el inicio: mientras Royal ataca a fondo desde el inicio, Sarkozy reivindica por su parte una actitud de "cortesía", así como, un poco más adelante, un rechazo a "polemizar" que resulta evidentemente sospechoso en un contexto en el que el desafío no es otro que, recordémoslo, exterminar simbólicamente al adversario (negarse a polemizar sería por lo tanto propiamente suicida):

je veux pas polémiquer avec madame Royal\ […]

No quiero polemizar con la señora Royal\ […]

mais **peu importe/ la polémique\ (.) il suffit d'être honnête** […]

*pero **no importa/ la polémica\ (.) basta con ser honestos** […]*

En realidad, a lo largo del debate Sarkozy se entrega a realizar ataques reglados (como puede verse ya en la insinuación maliciosa del último ejemplo), pero siempre cuidando de investirlos con una envoltura que permita atenuar su carácter agresivo, mientras que se observan menos precauciones de ese estilo del lado de Royal.

Es esto lo que examinaremos más en detalle en este estudio, sobre la base de que la problemática general del discurso polémico está atravesada por una doble restricción, ya que, por un lado, no se ocupa más que de un género y un contexto bien particulares y, por otro, se concentra en un conjunto bien específico de procedimientos polémicos, más o menos característicos de ese género y de ese contexto.

2. Los principales procedimientos de la descalificación cortés en el corpus

Me ocuparé sucesivamente de los diversos modos por los que, en el debate de 2007, los ataques que Nicolas Sarkozy dirige contra su adversaria Ségolène Royal son suavizados (sección 2.1.); luego, analizaré las diversas manifestaciones de una estrategia que propongo

---

[66] Para una mejor comprensión de la dinámica del intercambio, colocamos los ejemplos en francés y los tradujimos abajo en cursiva. La entonación de los ejemplos traducidos responde a la necesidad de orientar al lector respecto de las melodías de los enunciados originales y de los posibles significados proyectados, aunque esos enunciados no necesariamente presentarían las mismas curvas melódicas en español [ASM].

denominar mediante el término "ataque cortés" [*polirudesse*, en inglés *polirudeness*][67], que consiste no en suavizar un enunciado abiertamente amenazante sino en disimular la amenaza mediante un enunciado que constituye, en apariencia, lo contrario de una amenaza (sección 2.2.).

2.1. La mitigación de los ataques

Si nos remitimos a la teoría de la cortesía elaborada, siguiendo a Ervin Goffman, por Penelope Brown y Stephen Levinson (1978 y 1987), la mitigación de los ataques remite a la cortesía negativa. Desde esa perspectiva, en efecto, la cortesía es reducida al *face-work*, que consiste esencialmente, de acuerdo a la etimología de la palabra francesa "politesse" [*cortesía*], a "pulir" los enunciados que constituyen en alguna medida un "FTA" (*face threatening act*) [*acto que amenaza la imagen*] para el interlocutor, con el fin de que lastimen menos la imagen de este. Esos procedimientos mitigadores (en inglés, *softeners* o *mitigators*) pueden ser de naturaleza extremadamente diversa y han sido objeto de descripciones precisas por los especialistas en la materia. Desde su aparición en el campo de la lingüística y el análisis del discurso, la teoría de Brown y Levinson ha sido abundantemente revisitada, y ha sido mejorada con numerosos aportes que no corresponde repasar en este artículo[68], en el que solo nos va a interesar el modo en que Sarkozy formula sus FTA en el debate de 2007 (y, de manera secundaria, en otros debates vinculados).

Los debates electorales constituyen efectivamente un terreno fértil para todo tipo de actos "amenazantes" de la imagen del interlocutor (refutaciones y rectificaciones, críticas y reprimendas, reproches y acusaciones, protestas y advertencias…), actos cuya formulación no siempre es suavizada, lejos de ello: en un contexto tal, los ataques brutales están totalmente admitidos, a condición de que, desde luego, no tengan un carácter injurioso (volveremos sobre esto). En el debate de 2003 en el que confronta a Le Pen, Sarkozy no se priva de recurrir a palabras muy fuertes para estigmatizar el comportamiento de su adversario, por ejemplo la palabra "eructar"[69]:

---

[67] En francés, el neologismo "polirudesse" acuñado por la autora está compuesto por dos palabras: "poli-", que remite a "politesse" ("cortesía" o "amabilidad") y "rudesse", que en español significa "rudeza" o "brutalidad". Dado que no encontramos en español una palabra compuesta equivalente que conservara el semantismo de *polirudesse*, preferimos emplear, con autorización de la autora, el término *ataque cortés*, que constituye, junto con las formas de mitigación, uno de los procedimientos de "descalificación cortés" examinados en este artículo [ASM].

[68] Ver, entre otros, Kerbrat-Orecchioni 2005 (capítulo 3), donde introduzco, frente a la noción de FTA, la de FFA (*Face Flattering Act*); y 2013a, donde propongo distinguir, además de las categorías positiva (la *cortesía*, que toma la forma de *hipercortesía* cuando su expresión excede las normas vigentes) y negativa (*descortesía*), una categoría neutra (la *no-cortesía*, categoría ya preconizada por Robin Lakoff, 1989: 103) y una categoría compleja –el "ataque cortés"– de la que nos ocupamos aquí.

[69] El verbo "éructer" tiene en francés un doble sentido: "eructar", y, en un sentido figurado, "proferir insultos" [ASM].

monsieur Le Pen c'est une chose/ de parler comme vous parlez depuis tant d'années\ (.) de protester\ d'**éructer**\ (.) de désigner des ennemis à la nation\ (.) de jouer sur les peurs\ […]

*señor Le Pen es una cosa/ hablar como usted lo hace desde hace tantos años\ (.) protestar\ **eructar**\ (.) designar enemigos de la nación\ (.) jugar con los miedos\ […]*

Pero frente a Ségolène Royal, Sarkozy adopta una actitud netamente diferente, en principio porque el contexto cambió (estamos en vísperas de la segunda ronda de las elecciones presidenciales, los debatidores deben adoptar por lo tanto una postura adecuada a la misión que aspiran a asumir), pero también, sin duda, debido a la naturaleza de su adversario, que por primera vez en este tipo de elecciones es una mujer. Ese cambio de actitud se manifiesta en primer lugar a nivel de la gestualidad de Sarkozy, que se limita no solo en el uso del puño cerrado, como señalamos más arriba, sino también en el de su gesto favorito, el índice levantado –es delicioso constatar que Royal, por su parte, no se importuna por blandir un dedo acusador frente a Sarkozy, que protesta:

calmez-vous/ et **ne me montrez pas du doigt avec cet index pointé/** parce que franchement/ […]

*cálmese/ **y no me señale con el dedo con ese índice levantado/** porque francamente/ […]*

Pero ese cambio de tono afecta sobre todo a la formulación de las FTA, que son a menudo acompañadas por algún mitigador cuya función es atenuar su brutalidad.

La "mitigación" es al principio sistemática, de parte de Sarkozy al menos, en esos FTA particulares que son las *interrupciones*. Se sabe que en Francia las interrupciones son constantes en las interacciones orales y particularmente en los debates mediáticos, a pesar de la presencia de "moderadores", una de cuyas tareas consiste en intentar ordenar mínimamente los intercambios, a menudo sin éxito. En el debate Royal-Sarkozy la primera interrupción aparece a los pocos minutos y está a cargo de Ségolène Royal:

NS: bon\ (.) **je veux pas polémiquer avec madame Royal**\ juste un mot/ elle trouve/ qu'il y a pas assez de policiers/ (.) euh c'est dommage/ que le groupe socialiste/ ait pas voté/ les créations d'emplois de policiers/ (.) sur les quatre dernières années\ (.) c'est [dommage parce que vous nous auriez/
SR:
[**vous permettez que je vous interrompe/**
NS: **bien sûr madame**

NS: *bueno\ (.) **no quiero polemizar con la señora Royal**\ solo una palabra/ ella considera/ que no hay muchos policías/ (.) eh es una lástima/ que el grupo socialista/ no haya votado/ la creación de empleos de policías/ (.) en los últimos cuatro años\ (.) es una [lástima porque hubiera/*
SR:
*[**me permite interrumpirlo/***
*NS: **por supuesto señora***

En este contexto, las interrupciones se asocian generalmente con momentos de tensión particularmente fuerte en el debate (téngase en cuenta que en este pasaje la interrupción se produce precisamente después de que Sarkozy utiliza, aunque sea en forma de denegación, el verbo "polemizar"): son esos pequeños "golpes" contra el interlocutor, al que se busca silenciar o desestabilizar cortándole la palabra. Si las interrupciones pueden contribuir a asegurar al que la emplea algún tipo de dominación interaccional, ellas presentan al mismo tiempo el riesgo de que aquel que abusa de ellas sea condenado por no respetar al adversario ni al buen desarrollo del debate, por lo que deben ser manejadas con precaución. Eso es lo que podemos observar en Sarkozy, cuyo comportamiento al respecto puede caracterizarse como sigue: por un lado, la mayoría de sus interrupciones son, de hecho, *interrupciones de interrupciones*, que apuntan a recuperar una palabra indebidamente "birlada" por su adversaria –en este caso Ségolène Royal–, que resulta entonces la verdadera responsable de esta ilegalidad conversacional; por otro lado, ellas son casi siempre introducidas por una fórmula de cortesía, entre las cuales "me permite usted" es la más común, como ya puede verse en el debate con Le Pen:

[monsieur Le Pen **si vous permettez** un débat\

*[señor Le Pen **si me permite** un debate*

La fórmula es mucho más sistemática en el debate con Royal:

[madame\ (.) **si vous me permettez/** de terminer\ (.)

*[señora\ (.) **si me permite/** finalizar\ (.)*

[**si vous me permettez** de répondre\ (.) **est-ce que vous me permettez** de répondre/

*[**si me permite** responder\ (.) **me permite** responder/*

[madame Royal\ **est-ce que vous me permettez/** de vous dire un mot\

*[señora Royal\ **me permitiría usted/** decirle una cosa*

Sarkozy puede también recurrir a la excusa, o a variantes más sofisticadas de pedido de permiso:

[**pardon pardon madame Royal/** mais (.) je pense que les Français/ (.) attendent de nous/ de la précision\

*[**disculpe disculpe señora Royal/** pero (.) yo creo que los franceses/ (.) esperan/ precisión de nuestra parte*

[attend- (.) **puis-je/ puis-je/ puis-je continuer/**

[espera- (.) puedo/ puedo/ puedo continuar/

[madame\ **est-ce que vous souffrez/ que je puisse faire/ une phrase**

[señora\ le molestaría/ que yo pueda decir/ una oración[70]

En cuanto a Ségolène Royal, que toma la iniciativa de la interrupción más frecuentemente que Sarkozy, cuando tiene la oportunidad de emplear una fórmula cortés generalmente no duda en recurrir al método fuerte:

[est-ce que je peux/ (.) **me permettre/ (.) de finir/ (.) le déroulement/ (.) de ma pensée\oui/**[71]

[puedo/ (.) terminar/ (.) el desarrollo/ (.) de mi idea\sí/

[attendez\ **laissez-moi/ terminer\]**

[espere\ déjeme/ terminar\]

[attendez **ne m'interrompez pas**parce que je connais bien/ la technique\

[espere no me interrumpa\porque conozco bien/ la técnica

Es posible además que estas diferencias en las estrategias interruptivas adoptadas por
Nicolas Sarkozy y Ségolène Royal hayan tenido algún papel en el hecho de que el primero
fuera percibido como claramente menos "agresivo" que la segunda en este debate.

Pero vamos a los actos de habla propiamente dichos: podemos ver que cuando se trata
de un FTA (lo que sucede más frecuentemente), Sarkozy se esfuerza más seguido por suavizar la formulación, explotando para ello toda la panoplia de procedimientos disponibles.
Por ejemplo:

-la *litote* y el *eufemismo*:

ce n'est **pas exact**

no es correcto

104

-los *minimizadores*, entre los cuales el más corriente es el adjetivo "pequeño" [*petit*]:

deux **petites remarques/** si vous me permettez\

*dos **pequeños comentarios/** si me permite*

("comentario" funciona aquí, como suele hacerlo, como equivalente eufemístico de "crítica")

-los *modalizadores*:

il me semble (.) que s'agissant de la réduction de la dette/ vous n'avez fixé aucune/ (.) piste/ d'économie\

tengo la impresión (.) *de que, en lo que concierne a la reducción de la deuda/ usted no ha establecido ningún/ (.) criterio/ de economía*

(este empleo puede contrastarse con el de Ségolène Royal, en el que el modalizador funciona más como reforzador que como mitigador de la aserción:

moi je crois/ que votre proposition/ est non seulement dangereuse/ (.) mais inefficace\)

yo creo/ *que su propuesta/ no solo es peligrosa/ (.) sino que también es ineficaz\)*

-los *reparadores* (excusas y justificaciones):

mais non c'est pas possible madame\ **excusez-moi**

*pero no, no es posible señora\ **discúlpeme***

madame **excusez-moi/** ce n'est **pas exact**

*señora **discúlpeme/** no es correcto*

pardon de vous le dire/ vous faites une erreur

perdón que se lo diga/ *pero usted está cometiendo un error*

-los enunciados *preliminares*:

permettez que je vous pose la question

permítame formularle la pregunta

-los *desarmadores*:

madame Royal ne m'en voudra pas/ mais (.) euh à évoquer tous les sujets en même temps/ elle risque de les survoler/ (.) de ne pas être précise\

espero que la señora Royal no se ofenda/ pero (.) *eh al repasar todos los temas al mismo tiempo/ corre el riesgo de tratarlos por encima/* (.) *de no ser precisa*

-las *concesiones*:

vous avez parfaitement raison mais [...]

usted tiene perfecta razón pero [...]

Estos procedimientos mitigadores tienen en principio la función de suavizar esos FTA que de otra forma podrían herir excesivamente la imagen del adversario, y de hacer más "amable" el intercambio. Resta preguntarse si ese es siempre el caso en nuestro corpus.

Nótese que ciertos enunciados ilustran la paradoja de que a veces *la presencia de un mitigador confirma al mismo tiempo la existencia de un FTA*: en "¿Podrías pasarme el frasco de mermelada, por favor?" el valor de pedido indirecto se confirma por el uso de "por favor", que sería superfluo si estuviéramos frente a una simple pregunta. Del mismo modo, el reparador "disculpe" confirma el hecho de que la acusación de inmovilismo concierne definitivamente a Royal en esta declaración de Sarkozy:

et aujourd'hui je veux incarner le candidat du mouvement/ par rapport à l'immobilisme/ **pardon madame/**

y hoy quiero ser el candidato del movimiento/ en relación al inmovilismo/ **disculpe señora/**

Además, la eficacia del procedimiento mitigador depende, en primer lugar, de su "peso" relativo con respecto al FTA que se supone debe neutralizar en mayor o menor medida[72]: de nada sirve ponerse guantes, cuando se abofetea la imagen del adversario este no va a salir indemne, por cierto... Pero depende también de su credibilidad: puede suceder que el mitigador genere el efecto de una contradicción, por ejemplo, en el caso de esos "desarmadores" que se supone deben desactivar, mediante una anticipación, una eventual reacción negativa del interlocutor ("Sin ánimo de darte órdenes, cierra la puerta"). Volvamos al ejemplo de "espero que la señora Royal no se ofenda, pero al repasar todos los temas al mismo tiempo corre el riesgo de tratarlos por encima": Sarkozy se atreve a pedirle de manera muy amable a Royal que no se ofenda, al tiempo que le dirige una acusación muy

---

[72] Al respecto, Brown y Levinson (1987, 236) hablan de "balance principle".

fuerte en este contexto (que será reiterada a lo largo de todo el debate), con el reproche de que mantiene un discurso superficial y confuso, "surfeando" de un tema al otro, por lo que los franceses no comprenden nada. Sarkozy reincide y va más lejos con:

je ne me permets pas de critiquer/ je vous fais simplement remarquer/ que si vous parlez de tout en même temps/ on va pas pouvoir approfondir\

no es una crítica/ simplemente le hago la observación/ de que si habla de todo al mismo tiempo/ no vamos a poder profundizar

pero como el enunciado es claramente una crítica (y no una simple "observación"), el prefacio cortés del FTA produce el efecto de una *denegación*. Lo mismo sucede en el ejemplo siguiente, en el que el segmento mitigador sigue al FTA en lugar de precederlo:

moi/ je veux en finir/ avec ces discours creux\ (.) **pas le vôtre\ je ne veux pas/ être désagréable**

yo/ quiero terminar/ con estos discursos vacíos\ (.) no el suyo\ no quisiera/ ser desagradable

Este ejemplo es particularmente interesante, dado que la coherencia semántica sugiere una interpretación del tipo "no digo que su discurso sea vacío" cuando la sintaxis de la anáfora obliga a considerar que el antecedente de "no el suyo" es "discurso vacío": explícitamente, Sarkozy excluye el de Royal del conjunto de discursos vacíos, al tiempo que lo incluye implícitamente –aparentemente cortés, su observación no deja de ser "desagradable"–. En los enunciados de este tipo el mitigador aparece como un *pseudo-mitigador*, por lo que el enunciado se inscribe en la *pseudo-cortesía*. Es de notarse que Sarkozy recurre al mismo tipo de procedimientos en el debate de 2012 frente a François Hollande; así se observa en este pasaje, en el que "con mucho respeto" le reprocha a su adversario desconocer los datos sobre el déficit del comercio exterior, tratándolo como un mal alumno al que no puede más que irle mal en el examen, lo que desencadena una intensa protesta de parte de Hollande, a pesar de la precaución inicial de Sarkozy, cuya hipercortesía es incapaz de desactivar la violencia del FTA (incluso podemos detectar una entonación en cierto punto irónica):

NS: […] **très très très respectueusement** puisque vous ne saviez pas/ (.) vous connaissiez le chiffre de soixante-dix milliards/ (.) et vous ignoriez que sur les soixante-dix milliards/
FH: **vous n'êtes pas là pour nous dire ce que je sais/ ou ce que je ne sais pas/** (.) euh/ c'est pas vous qui posez les questions/ et **c'est pas vous qui donnez les notes/ dans cette émission**
NS: **mais je ne donne aucune note/ mais quand vous vous trompez/ je préfère vous le dire**

NS: *[…] con mucho mucho respeto porque usted no lo sabía/ (.) usted conocía la cifra de setenta millones/ (.) e ignoraba que sobre los setenta millones/*
FH: *usted no está aquí para decirnos lo que sé/ o lo que no sé/ (.) eh/ no es usted el que hace las preguntas/ y tampoco quien da el tono/ en este programa*
NS: *no doy ningún tono/ pero si se equivoca/ prefiero decírselo*

2.2. El ataque cortés

En la sección anterior abordamos el caso de los numerosos enunciados que tienen el estatus explícito de FTA pero que son acompañados de mitigadores que buscan atenuar la amenaza y dar prueba, así, de cierto cuidado por la cortesía. Si ese es en general el efecto producido por el procedimiento en cuestión, también puede suceder que esos mitigadores resulten tan poco convincentes que no generen más que una cortesía puramente formal: estamos entonces frente a casos de pseudo-cortesía negativa (pseudo-mitigación de un FTA).

Nos volcaremos ahora a un fenómeno en cierto modo inverso: se trata de enunciados que se presentan como FFA, pero bajo su apariencia valorizante se esconde un contenido desvalorizante (un FTA), cuyo caso prototípico está representado por lo que podemos denominar "cumplidos falaces", como en "Estás bien peinada hoy"[73]. Este fenómeno, que proponemos llamar "ataque cortés" (pseudo-cortesía positiva) fue descrito en otros términos por distintos investigadores, como Schnurr et al. en referencia a las "polite utterances with an impolite message" (2008, 217) o Agha (1997) cuando habla de *tropic agression* para describir un procedimiento que identifica en el debate presidencial de 1996 entre Bill Clinton y Bob Dole, y que define de este modo:

> I use the term "tropic aggression" in this paper to describe cases of language use where an utterance implements aggressive effects in use but where its aggressive qualities are masked or veiled in some way (1997, 463).

La expresión "agresión trópica" resulta particularmente apropiada para el fenómeno que nos interesa aquí. En efecto, como en todos los tropos, el valor literal del enunciado es suplantado por un valor derivado que, bajo el efecto del contexto, se convierte en su valor dominante. Eso es exactamente lo que sucede en el caso de la metáfora o de la antífrasis irónica, pero también en otros fenómenos evocados en *L'implicite*[74], tales como el "tropo ilocutorio", el "tropo presuposicional" o el "tropo comunicacional". Pero la especificidad de la agresión trópica es que, sea cual sea el tipo de tropo empleado, el valor literal del enunciado es positivo mientras que el valor derivado que deviene dominante es negativo, y por lo tanto "agresivo". Nicolas Sarkozy resulta un experto en "agresión trópica" (o "ataque cortés"), como veremos mediante algunos ejemplos. El primero, que ilustra un caso de tropo ilocutorio, proviene del debate de 2003; los siguientes, que se apoyan en otros tipos de tropos, fueron extraídos del debate de 2007.

---

[73] Sobre este tipo de enunciados, ver Kerbrat-Orecchioni 1994, 207-211.
[74] Ver Kerbrat-Orecchioni (1986), capítulo 3: "El tropo: hacia una teoría estándar extendida".

2.2.1. El ataque cortés sustentado en un tropo ilocutorio: "Buenas noches señor Le Pen".

Principal invitado en esta emisión del programa *100 minutes pour convaincre*, ya hace un buen tiempo que Sarkozy se encuentra en el estudio (y ya se ha enfrentado a diversos interlocutores) cuando Le Pen hace su entrada. Luego de ser saludado por el conductor del programa, saluda a su vez a la ronda dirigiéndose a su asiento, se instala y apenas se sienta arroja una diatriba contra el mundo político-mediático que lo trata como un "paria". Sarkozy lo deja desplegar su puesta en escena durante más de un minuto, y en el momento mismo en que, luego de ese preámbulo dirigido a todo el auditorio, Le Pen se orienta a su adversario para pasar al ataque nominal, asistimos a esto:

LP: ASP[75] monsieur le ministre de l'Intérieur/ vous me donnez l'impression::/
    [ASP]

NS: **[bonSOIR/] monsieur Le Pen**

LP: bonsoir/ bonsoir monsieur eh j'ai dit bonsoir en arrivant/ ASP mais euh vous étiez inclus collectiv- dans mon bonsoir collectif\

LP: ASP señor ministro del Interior/ me da la impresión de que usted::/
    [ASP]

NS: *[buenas NOCHES/] señor Le Pen*

LP: buenas noches/ buenas noches señor eh dije buenas noches al llegar/ ASP pero eh usted estaba incluido colectiv- en mi buenas noches colectivo

El "buenas noches señor Le Pen" de Sarkozy retoma de forma idéntica la fórmula utilizada previamente por el conductor, pero con una entonación diferente (claro ascenso melódico en "buenas noches" y acentuación con valor de énfasis). Es una fórmula de saludo, que va sin embargo a adquirir otros valores, sobre todo por su particular ubicación: de hecho, interrumpe brutalmente el turno de Le Pen, que ya estaba involucrado hacía un rato en la interacción. Es cierto que hasta ese momento se había dirigido a todo el auditorio, por lo que podemos admitir que, en rigor, con "señor ministro del Interior" se inicia de algún modo una nueva interacción, encastrada en la anterior (un "dílogo" encastrado en un "polílogo"). Pero ¿debemos concluir que en un caso como ese se impone un nuevo intercambio de saludos? Nada menos cierto: en este punto nuestro sistema ritual es flotante; el saludo está lejos de ser lo esperable, y para Le Pen (cuyas normas son aparentemente divergentes de las de Sarkozy en este punto) hasta resulta totalmente inesperado. Lo cierto es que, en este contexto, sin dejar de ser un saludo, el "buenas noches" de Sarkozy funciona al mismo tiempo como un acto indirecto de reproche. Este valor resulta de un razona-

---

[75] ASP indica una aspiración audible.

miento implícito, como: al iniciar un intercambio conmigo usted debería haber comenzado por saludarme; no lo hizo, por lo tanto usted es un verdadero bruto[76]. Ese valor se refuerza además mediante la entonación, dejando de lado la mímica de triunfo (movimiento de abajo hacia arriba de la cabeza inclinada y pequeña sonrisa) con la que Sarkozy recibe el "buenas noches" reactivo de Le Pen (suerte de indicio retroactivo del valor indirecto de reproche).

El enunciado de Sarkozy posee por lo tanto un doble valor ilocutorio, el valor de saludo atado convencionalmente al significante "buenas noches" y el valor de reproche que surge en ese contexto particular. Despierta una doble reacción, que en efecto se produce de inmediato: obligado a devolver el saludo (que incluso reitera, no sin molestia), Le Pen se siente también forzado a justificar su comportamiento ("dije buenas noches al llegar pero usted estaba incluido en mi buenas noches colectivo": reacción al reproche). Diversos valores interaccionales se agregan a esos dos valores ilocutorios. Así, la irrupción imprevista del saludo va a tener como efecto el desajuste del intercambio y la desestabilización del adversario, como vemos en el tercer turno: frenado en su impulso, Le Pen, que manifiestamente no se esperaba ese saludo –por cierto bastante inesperado–, produce, al final de su turno, un "error" seguido por una "reparación" ("usted estaba incluido colectiv- en mi buenas noches colectivo"). Ese saludo va a tener, además, el efecto de invalidar el parlamento anterior de Le Pen: como el saludo debe normalmente aparecer al inicio mismo del intercambio, lo que precede se vuelve de algún modo "nulo y sin valor", con lo que Sarkozy sugiere que el preámbulo dirigido al auditorio no debería haber existido y que Le Pen hubiera debido dirigirse a él de entrada (el reproche de Sarkozy se orienta también, y tal vez sobre todo, a ese punto). De modo que Le Pen se encuentra de alguna manera entrampado en su prefacio "eructivo": no es muy claro en qué momento hubiera podido saludar a su adversario, ya que al principio de su intervención no se dirige a él en particular, y en el momento en que apunta a él ya había estado hablando durante más de un minuto, de lo que Sarkozy saca rápidamente partido con el golpe del saludo.

Como sea, el "buenas noches señor Le Pen" de Sarkozy es, en tanto saludo, cortés (incluso hipercortés) pero, en tanto reproche, es descortés. No obstante, es claramente el valor de reproche (por lo tanto, la descortesía) el que, aunque indirecto, se impone (se trata efectivamente de un tropo, y de una manifestación de ataque cortés): la intervención de Sarkozy no tiene como función principal marcar una observación cualquiera a su destinatario sino desestabilizarlo y ponerlo en una posición baja, administrándole una humilde lección de buen vivir y obligándolo a justificarse como un niño en falta. La astucia reside

---

[76] Observemos por un lado que este saludo tiene un carácter dialógico (porque el locutor lo produce en su propio nombre al tiempo que dicta a su interlocutor la conducta a seguir, en virtud del principio "nunca es tarde para actuar bien"); y, por otro lado, que se trata de un tropo ilocutorio semi-lexicalizado, porque la situación-reproche está, en nuestros días, probada en nuestro ambiente cotidiano (en particular, en situación de servicio) debido a la generalización reciente del saludo como ritual de apertura.

en apropiarse, para este objetivo de descalificación, de una fórmula de cortesía, lo que permite a Sarkozy matar dos pájaros de un tiro: mediante ese saludo-reproche construye al mismo tiempo una imagen positiva de sí mismo y una imagen negativa de su adversario.

2.2.2. El ataque cortés sustentado en un tropo presuposicional: "A cualquiera puede pasarle esto de ponerse nervioso".

Con Ségolène Royal, Sarkozy emplea en varias ocasiones procedimientos similares. El ejemplo que hemos elegido para ilustrar el caso de un tropo presuposicional que remite al ataque cortés aparece hacia el final de la secuencia polémica más célebre del debate de 2007, originada por una declaración de Sarkozy sobre la escolarización de los niños discapacitados. Esta declaración provoca inmediatamente una reacción herida de parte de Royal, que se manifiesta "escandalizada" por los dichos de Sarkozy, los cuales dan prueba, según ella, de la "inmoralidad política" de su adversario, cuyos actos contradicen radicalmente ese discurso "lacrimógeno" (en efecto, según Royal, Sarkozy había destruido por completo el plan que ella misma había implementado cuando era ministra de Educación durante el gobierno de Lionel Jospin); luego, concluye su diatriba declarándose "muy enojada". Sarkozy la acusa entonces de "perder los estribos" y de "haberse salido de sus cabales", mientras que "para ser Presidente de la República hace falta estar tranquilo". Continúa una larga negociación con respecto al verdadero estado emocional de Ségolène Royal: ¿está "enojada" tal como ella misma reivindica, porque hay "cóleras muy sanas y útiles", o está "exasperada", como pretende Sarkozy? La negociación se estanca durante ocho minutos, hasta el momento en que parece que Royal ha finalmente logrado imponer su versión. El paréntesis polémico está próximo a cerrarse, un nuevo tema (el de Europa) podrá por fin abordarse, para alivio de los conductores…. pero Sarkozy vuelve una vez más a la carga con este enunciado presentado como "la última palabra" de la secuencia:

> puis je vais même vous dire quelque chose/ **je vous en veux pas/ parce que ça peut arriver à tout le monde/ de s'énerver**

> *además le voy a decir una cosa/* **no le guardo rencor/ porque a cualquiera puede pasarle/ esto de ponerse nervioso**

Esta declaración constituye claramente una "agresión trópica", porque si el enunciado expresa explícitamente, es decir, por lo que "expone", una noble actitud de indulgencia (Sarkozy le da, en cierto modo, la absolución a su adversaria), este "presupone"[77] en la primera parte que Royal cometió un error y en la segunda que se exasperó, y que por lo tanto

---

[77] Sobre la oposición "expuesto" vs. "presupuesto" ver Ducrot 1972.

se exaspera fácilmente, y que, por lo tanto, no es digna de ocupar la función de Presidente de la República. Y es evidentemente este presupuesto el que Sarkozy busca ante todo transmitir e incrustar en las memorias.

Puede notarse que el tropo permite también explotar esa otra forma de contenido implícito que es el sobreentendido. Observemos lo que sucede en el cierre de las 2 horas 40 de debate. Dado que Sarkozy había hablado tres minutos menos que Royal, los conductores le proponen recuperar su retraso, y así es como reacciona:

> je rends bien volontiers/ ces trois minutes à madame Royal/ (.) moi je veux être précis/ concret/ (.) et je ne juge pas ça/ à la quantité\

> *le otorgo con gusto/ esos tres minutos a la señora Royal/ (.) por mi parte deseo ser preciso/ concreto/ (.) y eso no lo mido/ por la cantidad*

Constatamos aquí, nuevamente, una contradicción entre el contenido expuesto, que da cuenta de una actitud digna de un caballero, y la insinuación maliciosa contenida en la explicación: "por mi parte quiero ser preciso, concreto, y eso no lo mido por la cantidad" deja sobreentender, en efecto, que su adversaria es vaga y abstracta, y que su discurso se destaca por la cantidad (de acuerdo al estereotipo de la "mujer charlatana") pero ciertamente no por la calidad. A Sarkozy le resulta fácil elogiar luego *in fine*, en su debida forma, a su "competidora":

> madame Royal le sait bien/ (.) que **je respecte son talent/ et sa compétence/** [...] donc c'est vraiment/ euh (.) quelqu'un qui est pour moi/ **davantage une concurrente/ si elle me le permet/ qu'une adversaire/** je n'ai bien sûr/ aucun sentiment personnel d'hostilité/ à l'endroit de madame Royal\

> *la señora Royal lo sabe bien/ (.) que **respeto su talento/ y su competencia/** [...] así que ella realmente es/ eh (.) para mí/ **más una competidora/ si me lo permite/ que una adversaria/** por supuesto que no tengo/ ningún sentimiento personal de hostilidad/ hacia la señora Royal*

En la medida en que Sarkozy se ocupó durante más de dos horas de mostrar a Royal como una candidata poco talentosa e incompetente (y hasta a veces se ocupó de ridiculizarla subrayando la imprecisión de sus respuestas), la aparición de esos FFA es ciertamente poco convincente. Esto parece una vez más como algo puramente formal (pseudo-cortesía positiva), al igual que la mayoría de las manifestaciones de cortesía de Sarkozy a lo largo de este debate.

2.2.3. El caso de la ironía

Sarkozy no duda tampoco en recurrir a un tropo clásico, como lo es la antífrasis irónica: en el debate de 2007 podemos detectar una treintena de pasajes en los que hace uso de ese procedimiento retórico, cuyo blanco, según creemos, es siempre la interlocutora; por ejemplo[78]:

vous avez madame **une capacité à ne pas répondre aux questions/** qui est **tout à fait/ remarquable**

*señora usted tiene **una capacidad para no responder las preguntas/** que es **absolutamente/ destacable***

ah c'est d'une précision/ bouleversante\

ah eso es de una precisión/ estremecedora

ben avec ça/ **on est tranquilles /pour l'équilibre/ de nos régimes de retraites**

*bueno con eso/ **nos quedamos tranquilos /por el equilibrio/ de nuestros regímenes de jubilaciones***
((asentimiento con la cabeza))

SR: il y a des colères/ que j'aurai même/ quand je serai Président/ de la République\
NS: eh ben/ **ça sera gai/** (.) **ça sera gai/**

SR: hay enojos/ que tendré incluso/ cuando sea Presidente/ de la República
*NS: eh bueno/ **eso va a ser entretenido/** (.) **va a ser entretenido/***

La ironía puede también alojarse en los reguladores como "ah", "ah bueno", "de acuerdo", "muy bien", "¿ah sí?" y sus diversas combinaciones (por ejemplo: "ah de acuerdo ah bueno ah bueno de acuerdo"), o incluso en las fórmulas de cortesía, agradecimiento ("le agradezco esa aprobación") o disculpa:

SR: vous avez parfaitement compris/ mais vous faites semblant/ de ne pas [comprendre
NS:
[ben excusez-moi

SR: usted comprendió perfectamente/ pero simula/ no [comprender
NS:
[bueno discúlpeme
((asentimiento con la cabeza))

---

[78] Para un análisis sistemático del humor y la ironía en el debate de 2007, ver Kerbrat-Orecchioni 2013b; sobre esos mismos procedimientos en el debate Hollande-Sarkozy de 2012, Kerbrat-Orecchioni 2013c y Charaudeau 2013.

Como la ironía consiste en disimular una evaluación negativa (que corresponde a la verdadera intención comunicativa del locutor) bajo las apariencias de una evaluación positiva, Brown y Levinson (1987, 262-264) la incluyen entre los procedimientos de cortesía negativa (realización *off-record* del FTA)[79]. Parece, sin embargo, que, por el contrario, la formulación irónica agrava el ataque en lugar de mitigarlo, agregando un elemento de burla; y que en el ejemplo anterior, "va a ser entretenido" es más insultante que "eso va a ser funesto", por el hecho de que el sentido literal, aunque se presenta como inválido, no es totalmente evacuado: Sarkozy ridiculiza más a Royal (con la complicidad del auditorio) en tanto la presenta ficticiamente como alguien que goza por adelantado de los enojos que tendrá si resulta electa para el Palacio del Elíseo.

La ironía remite, por lo tanto, más al ataque cortés que a la cortesía: su efecto es más "rudo" que amable, como lo prueban por otra parte algunas reacciones que desencadena de parte del blanco, como "no sea despreciativo" o "eso le divierte a usted pero a mí no me divierte para nada…".

2.2.4. El caso del "tropo comunicacional"

Para finalizar este inventario de procedimientos propios del ataque cortés vamos a evocar un último funcionamiento también bastante característico de la retórica de Sarkozy (recurre a él más de veinte veces en el debate de 2007, mientras que Royal no lo hace ni una vez), que consiste en dirigirse a su interlocutora en tercera persona (por ende, sin mirarla) haciendo como si el discurso estuviera ante todo destinado a los moderadores del debate. Pero, por supuesto, no es más que una trampa (se trata, por lo tanto, de un "tropo"[80]), porque es difícilmente imaginable que los moderadores reaccionen a una declaración como:

je ne vois pas pourquoi:/ **madame Royal/ ose employer le mot/** (.) **immoral**\ (.) c'est un mot fort/

*no veo por qué:/ **la señora Royal/ se atreve a emplear la palabra/** (.) **inmoral**\ (.) es una palabra fuerte/*

o bien:

NS: je ne sais pas pourquoi/ euh **madame Royal/ d'habitude calme/ a perdu ses nerfs/**

*NS: no sé por qué/ eh **la señora Royal/ a menudo tranquila/ perdió los estribos/***

---

[79] Ver también Barbe 1995, 25, 89-90, 94, 109.
[80] Para una definición e ilustraciones del tropo comunicacional, ver *L'implicite*, 131-137.

Es Royal quien responde a esa última declaración, y lo hace en estos términos:

non/ je ne perds pas mes nerfs/ je suis en colère/ (.) ce n'est pas pareil\ **pas de mépris/ monsieur Sarkozy**

*no/ no pierdo los estribos/ estoy enojada/ (.) no es lo mismo\ **no sea despreciativo/ señor Sarkozy***

El "desprecio" que denuncia Royal remite, en primer lugar, a la acusación de "perder los estribos": Sarkozy trata una emoción noble ("la cólera sana") como si fuera una vulgar pérdida de auto-control. Pero puede que el término reenvíe al mismo tiempo al procedimiento de la delocución (el alocutario oficial es tratado como un tercero ausente), que es una forma de "ex-comunicación" del compañero de interacción y por lo tanto de desprecio.

Destaquemos que, a diferencia de otros procedimientos de ataque cortés, el carácter indirecto del ataque no concierne al contenido del enunciado (que es explícitamente "amenazante") sino a su modo de destinación.

3. Conclusión

El *knock-out* verbal, he ahí la apuesta y el goce supremo de los polemizadores. Cada polemizador con su lenguaje, su arsenal lingüístico, sus medios de combate, sus exocets verbales (Windisch 1987, 21).

Cada polemizador con su lenguaje: el estudio que precede puso en evidencia algunos elementos que componen el "arsenal lingüístico" de Sarkozy, al menos en el debate de 2007 –puesto que las estrategias polémicas no son solamente un asunto de elección individual, sino que están en principio determinadas por el *género discursivo* y por el *contexto particular* en que se insertan–.

En cuanto al género "debate presidencial": la apuesta es claramente dejar *knock-out* al adversario en la escena de debate y luego, en la medida de lo posible, en las urnas. El comportamiento de los debatidores se orienta enteramente hacia ese macro-objetivo: descalificar al adversario, es decir, mostrar que no está verdaderamente calificado para ocupar la función electiva a la que aspira; y el conjunto de sus discursos se reduce a un macro-acto asertivo: "Yo soy el/la mejor", al que se injerta un macro-acto directivo: "Voten por mí". No obstante, si los ataques son de rigor, deben permanecer en el marco de una cierta "decencia", dado el estatus de los co-debatidores, que se postulan en igual medida a la función suprema. Así lo recuerda Sarkozy al final del debate:

le système républicain est fait de telle façon/ qu'**il faut développer de grandes qualités/ pour être** (.) **le représentant/ et le candidat/ de sa propre formation/** (.) et j'ai du **respect/** pour le parcours qui a été celui/ de (.) de madame Royal/ [...]

> *el sistema republicano está construido de tal manera/ que* **hay que desarrollar grandes cualidades/ para ser** *(.)* **el representante/ y el candidato/ de su propia formación/** *(.) y yo tengo* **respeto/** *por la trayectoria/ de (.) de la señora Royal/ [...]*

De modo que conviene comportarse de manera relativamente "respetuosa" frente al adversario. Si bien los ataques directos están autorizados (y bien probados) a condición de que no deriven en la injuria, en un contexto como ese es de buen combatiente combinar ataque y cortesía, ya sea acompañando la formulación del FTA con algún mitigador, ya sea disimulándolo bajo un FFA.

Esto es particularmente cierto en el debate de 2007, en el que Sarkozy despliega una suerte de afabilidad que no es para nada propia de su estilo habitual y que responde indudablemente, como ya lo indicamos, al hecho inédito de que la otra candidata es una mujer. Al respecto, vale la pena observar una curiosidad de este debate, la espectacular disimetría en el uso de las formas nominales de destinación: Sarkozy emplea quince veces más *señora/ señora Royal* que Royal *señor/ señor Sarkozy* (139 contra 9). Ahora bien, el estudio del funcionamiento de esas formas en francés muestra que ellas se asocian habitualmente con momentos de tensión, y que contribuyen a reforzar la tonalidad confrontativa de la interacción. Ese es el caso en los debates electorales, y más precisamente el de 2007, en el que esas formas acompañan generalmente alguna crítica, reproche o acusación que contribuyen a reforzar más que a mitigar[81]. Pero, al mismo tiempo, como los términos de destinación son oficialmente formas de "civilidad", no podría acusarse a quien los emplea de ser descortés: así, esas formas se prestan particularmente bien para la estrategia de descalificación cortés del adversario que Nicolas Sarkozy cultiva tan hábilmente en este debate.

Es cierto también que la metáfora del combate de boxeo se aplica menos a los intercambios entre Sarkozy y Royal (que se muestra por otra parte claramente más combativa, incluso más agresiva, que su adversario masculino) que a los intercambios previos entre Sarkozy y Le Pen, o que a los intercambios posteriores entre Sarkozy y François Hollande en el mismo contexto de debate presidencial, el de 2012, en el que Sarkozy reanuda en gran parte su estilo habitual, y no duda en atacar a su adversario del modo más directo y brutal[82] −por ejemplo cuando, en seis oportunidades, lo acusa de ser un "mentiroso" y hasta un "calumniador de poca monta"−:

---

[81] Ver la contribución de Constantin de Chanay (2010) en nuestro volumen colectivo sobre las formas nominales de destinación en francés, contribución que se ocupa precisamente del debate Royal-Sarkozy.

[82] Señalemos de todas formas que en 2012 Sarkozy utiliza la misma cantidad de términos de destinación que en 2007 (122, contra 26 de Hollande), lo que debilita la hipótesis algunas veces sugerida según la cual el uso pletórico de *señora (Royal)* por Sarkozy en 2007 tendría como objetivo principal recordar una y otra vez que su adversario es una mujer (o más bien, que no es más que una mujer).

NS: c'est un mensonge\ […] quand vous dites/ que je ne prends pas mes responsabilités/ (.) c'est un mensonge\

NS: es una mentira\ […] cuando dice/ que no me hago responsable/ (.) es una mentira

NS: c'est faux/ c'est un mensonge\ et c'est une calomnie\ (.) vous êtes un petit/ (.) calomniateur/ (.) [en disant ça\

FH: [vous utilisez toujours/ les mêmes mots

NS: es falso/ es una mentira\ y es una calumnia\ (.) usted es un calumniador/ (.) de poca monta/ (.) [al decir eso

FH: [usted usa siempre/ las mismas palabras

Esta es una acusación a la que Hollande reacciona no solo refutándola ("usted miente al decir que yo miento") sino, más hábilmente, retratando a Sarkozy como una suerte de obsesivo de la mentira, y sugiriendo que esta obsesión tiene algo de sospechoso:

NS: monsieur Hollande/ c'est un mensonge\

FH: encore une fois/ vous utilisez ce mot/ mais répondez TRÈS/ précisément/ aux questions/ que j'ai posées\

NS: señor Hollande/ es una mentira

FH: otra vez/ usa esa palabra/ pero responda con MUCHA/ precisión/ a las preguntas/ que le hice

FH: mais vous avez toujours/ c'est quand même terrible/ (.) d'avoir/ dans votre esprit/ le mot/ mensonge\ comme si c'était quelque chose que vous ressentiez/ très particulièrement\ vous venez encore de le répéter\

FH: pero usted siempre tiene/ la verdad es terrible/ (.) tener/ en la cabeza/ la palabra/ mentira\ como si fuera algo que usted experimenta/ muy especialmente\ acaba de repetirla otra vez

NS: […] enfin/ permettez-moi/ de vous dire/ (.) que dans votre volonté/ de démontrer/ l'indé-montrable/ (.) vous/ (.) MENtez\

FH: ça vous reprend\ ça y est/ c'est/ décidément/ un leitmotiv/ qui/ euh (.) devrait pour moi/ être euh insupportable/ mais qui/ dans votre bouche/ finit par être une habitude\ […] vous avez vrai-ment/ ce mot/ (.) à la bouche/ et à force de l'exprimer/ ça veut dire/ que vous avez une propen-sion/ qui me paraît/ ASSEZ grande/ à commettre/ ce que vous reprochez/ à d'autres\

NS: […] en fin/ permítame/ que le diga/ (.) que en su afán/ de demostrar/ lo indemostrable/ (.) usted/ (.) MIENte

FH: de vuelta\ ahí está/ es/ decididamente/ un leitmotiv/ que/ eh (.) para mí debería/ ser eh insoporta-ble/ pero que/ en su boca/ termina siendo un hábito\ […] usted tiene realmente/ esa palabra/ (.) en la boca/ y a fuerza de expresarlo/ quiere decir/ que tiene una propensión/ que me resulta/ BASTANTE marcada/ a cometer/ lo que le reprocha/ a otros

NS: aller dire\monsieur Hollande/ (.) qu'il n'y a plus/ d'impôt sur la fortune/ (.) que nous avons fait/ des cadeaux aux riches/ (.) **c'est une/ calomnie**\

FH: ((*risas*))

NS: **c'est un/ mensonge**\(.) ça vous fait rire/

FH: oui/ parce que là/ euh **vous ajoutez maintenant/ la calomnie/ au mensonge/ vous n'êtes pas/ (.) capable/ de tenir UN raisonnement/ sans être/ désagréable/ avec votre interlocuteur**\

NS: salir a decir\señor Hollande/ (.) que ya no hay/ impuestos a la riqueza/ (.) que le hemos hecho/ obsequios a los ricos/ (.) **es una/ calumnia**\

FH: ((risas))

NS: **es una/ mentira**\ *(.) le da risa/*

FH: sí/ porque/ eh **ahora agrega/ la calumnia/ a la mentira/ no es/ (.) capaz/ de sostener UN razonamiento/ sin ser/ desagradable/ con su interlocutor**\

Al calificar, de manera un tanto eufemística, de "desagradable" el comportamiento de Sarkozy, Hollande sugiere que la acusación de mentir (y peor aún, la de calumniar) realmente no es digna de un debate como ese —está de hecho en el límite del insulto, si le creemos al mismo Sarkozy en 2007, cuando acusaba a Royal de infligirle lo que no se privará de infligirle a su adversario cinco años más tarde—:

madame **je ne pense pas que vous élevez la dignité du débat politique en m'accusant d'être menteur**

señora **no creo que eleve la calidad del debate político acusándome de mentiroso**

Acusar al adversario de manera "indigna" es precisamente lo que nuestros debatidores llaman "polemizar", término que en sus labios siempre tiene un sentido peyorativo (el hecho de acusar al adversario de polemizar es, en cierto modo, un arma polémica), como lo muestran estas citas extraídas de los seis debates que componen la totalidad del corpus de debates presidenciales franceses realizados entre dos turnos electorales:

François Mitterrand, 1974: **la polémique/ ne servira pas notre entretien**\[…] je suis sûr que **vous ne pouvez pas l'admettre/ sauf dans une polémique/ (.) électorale/** euh (.) ou **la veille d'une élection présidentielle/**

François Mitterrand, 1974: **la polémica/ no contribuirá a nuestra conversación**\[…] *estoy seguro de que* **usted no puede admitirlo/ excepto en una polémica/** *(.)* **electoral/** *eh (.) o en* **la víspera de una elección presidencial/**

Giscard d'Estaing, 1974: **je n'ai pas voulu entrer/ dans** (.) **les débats polémiques/**

Giscard d'Estaing, 1974: **no quise entrar/ en** *(.)* **los debates polémicos/**

Giscard d'Estaing, 1981: et **je ne polémiquerai pas** avec mon interlocuteur\

*Giscard d'Estaing, 1981: y **no voy a polemizar** con mi interlocutor*

Jacques Chirac, 1988: **ça n'a pas d'intérêt/** tout cela/ (.) **c'est de la petite polémique**

*Jacques Chirac, 1988: esto/ **no tiene ningún interés/** (.) es una polémica insignificante*

Lionel Jospin, 1995: **je n'ai polémiqué avec personne**

*Lionel Jospin, 1995: **yo no polemicé con nadie***

Nicolas Sarkozy, 2007: **je veux pas polémiquer** avec madame Royal\ […] mais **peu importe/ la polémique** (.) **il suffit d'être honnête/** […] vous avez raison/ **faut pas faire de polémiques** (.) mais faut pas les faire/ des deux/côtés\ (.) ni du mien/ (.) ni du vôtre\

*Nicolas Sarkozy, 2007: **no quiero polemizar** con la señora Royal\ […] pero **poco importa/ la polémica** (.) **alcanza con ser honestos/** […] usted tiene razón/ **no hay que entrar en polémicas** (.) pero de ninguno/ de los dos/ lados\ (.) ni del mío/ (.) ni del suyo*

François Hollande, 2012: **ne cherchez pas la polémique/** vous n'y arriverez pas\

*François Hollande, 2012: **no busque la polémica/** no lo va a conseguir*

No se trata, por otra parte, de un hecho novedoso: en nuestro artículo de 1980 ya señalábamos, apoyados en diversos ejemplos, que la polémica se ejercía a menudo bajo el modo de la denegación y que, en la lengua ordinaria, los términos "polémico" y "polemizar" eran habitualmente empleados para estigmatizar el comportamiento discursivo así calificado.

No sucede lo mismo en el campo del análisis del discurso, donde el término es empleado generalmente de forma neutra, incluso positiva, como lo demuestra el título del último libro de Amossy, *Apologie de la polémique* (2014), libro que defiende la idea de que el disenso es un componente fundamental del funcionamiento de las democracias y que la polémica sigue siendo el mejor instrumento de gestión de los conflictos –plagiando a Clausewitz, podemos decir que si la guerra es la prolongación de la política por otros medios, a la inversa, esa guerra verbal que es la polémica constituye el medio más eficaz para impedir que la confrontación política no degenere en una guerra "en serio"–.

Pero, volviendo a nuestros debates electorales, nos interesa insistir sobre todo en el hecho de que un buen polemizador debe saber adaptar su "arsenal lingüístico" al contexto de interacción y a la naturaleza de su interlocutor, o más exactamente de todos sus destinatarios, que en el caso de un debate mediático no se reducen a los participantes presentes en el estudio. En cuanto a la estrategia del ataque cortés, por ejemplo, va de suyo que los debatidores son más sensibles a los ataques que reciben de su adversario que a sus manifestaciones de cortesía, que están, de hecho, destinadas eminentemente a los telespectadores: Sarkozy se muestra amable con Royal con el fin de mostrarles que él es alguien amable. En ese contexto, la exhibición ostentatoria de una cortesía de pura fachada se orienta menos al cuidado de la imagen de su interlocutora (de acuerdo a lo que constituye la función oficial de la cortesía) que a la construcción de un *ethos* favorecedor para el locutor; y ello a los ojos del público de telespectadores, que son los principales árbitros del duelo que tiene lugar delante de ellos, y a quienes les corresponde no solo contar los puntos a lo largo del debate sino también, algunos días después, convertir el *score* en boletas electorales.

Referencias bibliográficas

AGHA, ASIF (1997). "Tropic aggression in the Clinton-Dole presidential debate". *Pragmatics* 7(4): 461-497.

AMOSSY, RUTH (2014). *Apologie de la polémique.* París: PUF.

BARBE, KATHARINA (1995). *Irony in Context.* Amsterdam-Filadelfia: John Benjamins.

BROWN, PENELOPE y STEPHEN LEVINSON (1978). "Universals in language usage: Politeness phenomena". En *Questions and Politeness. Strategies in Social Interaction*, editado por Esther Goody, 56-289. Cambridge: CUP.

BROWN, PENELOPE y STEPHEN LEVINSON (1987). *Politeness.* Cambridge: CUP.

CHARAUDEAU, PATRICK (2013). "L'arme cinglante de l'ironie et de la raillerie dans le débat présidentiel de 2012". *Langage et Société* 146(4): 35-47.

CONSTANTIN DE CHANAY, HUGUES (2010). "Adresses adroites. Les FNA dans le débat Royal-Sarkozy du 2 mai 2007". En *S'adresser à autrui. Les formes nominales d'adresse en français*, editado por Catherine Kerbrat-Orecchioni, 249-294. Chambéry: Université de Savoie.

DUCROT, OSWALD (1972). *Dire et ne pas dire.* París: Hermann.

KERBRAT-ORECCHIONI, CATHERINE (1980). "La polémique et ses définitions". En *Le discours polémique*, 3-40. Lyon: PUL.

KERBRAT-ORECCHIONI, CATHERINE (1986). *L'implicite.* París: Armand Colin.

KERBRAT-ORECCHIONI, CATHERINE (1994). *Les interactions verbales (vol. III).* París: Armand Colin.

KERBRAT-ORECCHIONI, CATHERINE (2005). *Le discours en interaction.* París: Armand Colin.

KERBRAT-ORECCHIONI, CATHERINE (2013a). "Politeness, impoliteness, non-politeness, 'polirudeness': The case of political TV debates". En *Aspects of Linguistic Impoliteness*, editado por Denis Jamet y Manuel Jobert, 16-45. Cambridge: Cambridge Scholars Publishing.

KERBRAT-ORECCHIONI, CATHERINE (2013b). "L'ironie: problèmes de frontière et étude de cas. Sarkozy face à Royal (2 mai 2007)". En *Frontières de l'Humour*, editado por María Dolores Vivero García, 27-62. París: L'Harmattan.

KERBRAT-ORECCHIONI, CATHERINE (2013c). "Humour et ironie dans le débat Hollande-Sarkozy de l'entre-deux-tours des élections présidentielles (2 mai 2012)". *Langage et société* 146(4): 49-69.

LAKOFF, ROBIN (1989). "The limits of politeness: therapeutic and courtroom discourse". *Multilingua* 8(2/3): 101-129.

SCHNURR, STEPHANIE, MEREDITH MARRA y JANET HOLMES (2008). "Impoliteness as a means of contesting power relations in the workplace". En *Impoliteness in Language*, editado por Derek Bousfield y Miriam Locher, 212-229. Berlín: Mouton de Gruyter.

WINDISCH, ULI (1987). *Le K.-O. verbal. La communication conflictuelle.* París: L'âge d'homme.

La función del *ethos* en la formación
del discurso conflictivo*

Dominique Garand

Entre las numerosas y a menudo muy ricas contribuciones a una teoría de los géneros discursivos llamados "violentos" (entre los que la injuria y el insulto figuran en primer lugar), raramente se toman en consideración los contextos pragmáticos de interlocución, es decir, las relaciones de fuerza entre los individuos que emplean los recursos de tales modos de enunciación. Todavía más raras son las teorías que hacen lugar a la noción de *ethos* y a su rol en la constitución de una toma de la palabra que apunta a la agresión[83]. Marc Angenot ha, sin embargo, abierto una vía al dedicar un capítulo de *La parole pamphlétaire* al "enunciador y su imagen" (1982, 69-84). No obstante, como ese capítulo está integrado en una sección titulada "Temática genérica", es evidente que el teórico, guiado por el modelo de construir un "tipo ideal", se ocupa más de detectar temas recurrentes, *topoï* ligados a la actividad panfletaria. De ese modo, se relevan algunas estrategias discursivas corrientes cuya función sería la de instituir la palabra panfletaria como un discurso de verdad: la soledad del enunciador, el riesgo asumido por su toma de palabra, su posición marginal en la sociedad y su no-sumisión a los *diktats* de la Opinión son algunos de los tantos motivos que contribuyen a la formación de un *ethos* creíble que autoriza la vehemencia de la intervención. Esos motivos son, ciertamente, muy poderosos y su recurrencia es indudable, pero su extracción de las circunstancias precisas en cuyo seno se producen los actos de habla corre el riesgo de conducir a una psicologización y a una moralización del hecho panfletario. Si existe una historicidad del modelo de Angenot, esta reside en su capacidad de captar las líneas de fuerza del género panfletario en su apogeo en Francia, es decir, entre la segunda mitad del siglo XIX y el segundo conflicto mundial. Fuera de ese contexto global, el modelo se vuelve menos pertinente.

---

* Garand, Dominique (2007). "La fonction de l'ethos dans la formation du discours conflictuel", en *Invectives et violences verbales dans le discours littéraire*, dirigido por Marie-Hélène Larochelle. Laval: Presses de l'Université de Laval.

[83] Mencionemos también los aportes de Ruth Amossy (2003), que discute las proposiciones de Alain Binton. Hace unos años que el *ethos* en tanto tal despierta la atención de numerosos investigadores: ver Amossy (1999).

Así pues, privilegiaremos el caso por caso antes que el tipo genérico, pero a partir de un modelo de análisis que puede aplicarse en toda época y circunstancia. La adaptabilidad de este modelo se debe al hecho de que no lleva a reconocer temáticas o lugares comunes, sino más bien *operaciones* que ponen en tensión, de manera variable, polos discursivos bien precisos. Propusimos un repertorio de esos polos discursivos en una obra anterior, bajo la denominación tal vez un poco connotada, pero sin embargo justificada, de "actantes" del discurso polémico (Garand 1998, 211-216). En el plano de la interlocución, de la destinación y de la toma de la palabra (siempre singular, como señalaba Benveniste), se hallan, por supuesto, el Enunciador, el Enunciatario y el Tercero. En el plano del discurso constitutivo, ubicamos al Sujeto, el Anti-Sujeto y el Daño. Aquí eludimos otros actantes a fin de concentrarnos en aquellos que atañen más directamente a una reflexión sobre el *ethos* polémico y, de allí, sobre las modalidades del recurso a la injuria. Brevemente: ¿cuáles son los problemas que se plantean aquí?

El primer problema es clásico: se trata de encarar correctamente los pasajes entre la situación de interlocución y la organización interna del discurso constitutivo (allí donde se delinea la coherencia de las tomas de posición), en otras palabras, aquello que une y que diferencia, por un lado, al Enunciador y al Sujeto, y aquello que une y que diferencia, por otro lado, al Enunciatario y al Anti-Sujeto. Estas preguntas nos llevan además al ámbito de las reglas deontológicas de la interlocución, que deberían distinguirse de las reglas axiológicas y epistemológicas que marcan la demostración y la ejemplificación del Daño. Ahora bien, es habitual que la discusión sobre las ideas esté contaminada por la discusión sobre la deontología: incluso, hasta puede suceder que esta última sea interpretada como un hecho ideológico.

El segundo problema concierne a las relaciones de fuerza entre el Enunciador-Sujeto y el Anti-Sujeto, así como al estatus acordado a este último. En el intercambio polémico, como en toda forma de diálogo, el interlocutor puede ser denominado, siguiendo la sugerencia de Benveniste –y por el hecho de que, a su turno, puede tomar la palabra–, *co-enunciador*. Ahora bien, la polémica presenta en ocasiones casos en los que el blanco del discurso (que aquí llamamos Anti-Sujeto) no es el interlocutor propiamente dicho, sino que se encuentra más bien rebajado al rango de objeto: se habla de él, pero no se le dirige la palabra.

> Un pobre iluminado –el redactor de *La Vérité*, para decirlo por lo bajo– que, en un determinado círculo, se convirtió hace unos doce años en divulgador de todas las mentiras y de todas las porquerías, se indigna al comprobar el alcance de mi audacia, al punto que no ando con pie de plomo para dirigirle la palabra al personaje más grosero que haya alguna vez tomado la pluma (Fréchette 1993, 623).

Esta negativa a dirigir la palabra es ya en sí mismo un gesto polémico que confina a la injuria, incluso antes de la injuria nominal. Eso no quita que se instale una cierta relación de fuerzas, en la que una de las cosas en juego será la *imago* de cada uno, su identidad, su ubicación en el espacio discursivo. Nuestro objetivo es visualizar de forma metódica cómo se efectúa la contaminación del *logos* por el *ethos* y qué rol ocupa la injuria en esta operación.

Otra dificultad teórica debe ser señalada. ¿La noción de Anti-Sujeto no implica en cierto punto algo de excesivo? Preferiríamos reservar esa apelación para el oponente irreductible: el Enemigo. Sin embargo, observamos que la cualidad del Enemigo integral (en el sentido de Schmitt[84]), contrariamente a lo que sucede en las relaciones políticas entre Estados, es poco frecuente en las escenas de discursos enfrentados. Podemos hablar de Enemigo en los casos en que el otro es demonizado y cuando el objetivo último es erradicarlo. La noción de Anti-Sujeto incluye el estatuto del "Enemigo" pero no se limita a este, en tanto las posiciones menos nítidas son las más usadas. Es por ello que en ocasiones emplearemos "blanco" en lugar de "Anti-Sujeto".

El estatus del adversario es, entonces, variable, y las posiciones entre el Amigo y el Enemigo son diversas (pensemos en el aliado al que se le dirigen algunos reproches, o bien en el opositor ideológico que, sin embargo, respetamos como persona). Las nociones de *ethos* y *anti-ethos* permiten precisamente acercarse a los diferentes casos con un máximo de matices, considerando asimismo otro factor no deleznable: la dinámica misma del intercambio. En efecto, las relaciones de fuerza entre dos sujetos en conflicto pueden evolucionar. Al hablar de Sujetos, aquí no nos limitamos a los individuos de una polémica nutrida que hace intervenir todo el tiempo múltiples protagonistas; hagamos extensiva la noción de Sujeto a las formaciones discursivas tal como se definen, precisamente, a lo largo del intercambio. La cuestión es saber si en los casos de conflictos discursivos todo está jugado de antemano o si las posturas se modifican bajo el efecto de la negociación o incluso de la persuasión. Nuestra hipótesis es que tal negociación se despliega en primer lugar en el plano de las relaciones interindividuales, mucho antes que en el de las convicciones ideológicas.

1. Injurias e insultos

¿Las injurias son todas de la misma especie? ¿Se limitan a manifestaciones de agresividad o de violencia? ¿Siempre están dirigidas, como pretenden algunos analistas, por una pulsión de muerte? ¿En qué tipo de contexto socio-discursivo afloran la injuria y el insulto, y cuál es su alcance pragmático?

Dos términos se hacen presentes: injuria e insulto. Sin pretender detenernos en cuestiones de tipología, queremos señalar de entrada algunos rasgos que permiten distinguirlos. Mientras el insulto reenvía a la enunciación y puede ser descrito en su dimensión lingüística y semántica, no sucede lo mismo con el acto de injuriar, que puede producirse tanto del lado de la recepción como de la producción. Así, es posible injuriar a alguien sin

---

[84] Ver Schmitt (1992).

quererlo, sin voluntad maligna (al menos consciente), mientras que no podemos decirle a alguien ofuscado por nuestras palabras: "Disculpame, no quise insultarte". Por ejemplo, si es cierto que durante decenios los canadienses franceses tomaron como una injuria los célebres dichos de Lord Durham que los definía como "un pueblo sin historia y sin literatura", es claro que el propósito de Lord Durham no era injuriarlos sino más bien participar a las autoridades británicas de sus observaciones.

La injuria puede delinearse en lo implícito, cosa que evidentemente no sucede con el insulto. Marcel Dugas, en 1918, interpreta como una injuria dirigida a él y a sus amigos de *Nigog* un artículo de Arthur Letondal que, sin embargo, no contenía ningún enunciado abiertamente violento o desagradable[85]. De todas formas, Dugas percibía detrás de las palabras pretendidamente benevolentes de Letondal una voluntad de poner en vereda a los jóvenes "exóticos" y de darles una lección sobre lo que debía ser la literatura franco-canadiense. De modo que el "afectuoso consejo" fue recibido por el joven escritor como una marca de condescendencia paternalista[86].

Así pues, es importante distinguir la injuria *intencionada* de la injuria *percibida*. Dos rasgos caracterizan a la injuria: la nominación del otro (o su categorización, su etiquetaje) y el hecho de que esta nominación plantea el problema de su justicia o de su justeza. Desde el punto de vista del injuriado, la nominación injuriosa siempre es injusta. El insulto no mantiene un vínculo tan estrecho con la justicia. Es más bien del orden de la exhortación, de la imprecación, de la fuerza enunciativa. Toma al otro por asalto y puede ciertamente instalar una relación de fuerza entre el enunciador y la persona afectada, pero su intención no siempre es herir. A menudo, el insulto pone el acento no en el blanco sino en la persona del enunciador, en sus movimientos humorísticos. El insulto asociado a la injuria transmite la exasperación, y deja oír un pedido arrojado al otro, un llamado, mientras que la injuria es a menudo un juicio sin interpelación. Estos son tres ejemplos de insulto: "¿No están cansados de morir, banda de estúpidos ignorantes?"[87]; de Falardeau a la redacción del *Devoir*, que había cortado uno de sus textos: "¡Carajo! ¿Tienen miedo de las palabras en su diario de porquería?" (Falardeau 1999, 22); René-Daniel Dubois, en respuesta a una carta de Andrée Ferretti en la que le reprochaba no militar más a favor del "sí" para el referéndum de 1995: "Estoy harto de los artistas de nuestro medio que no hacen más que sacar emotivamente al mercado proyectos políticos que no se sostienen [...]. Estoy harto de los chantajes a los que se prestan los nacionalistas [...]. Estoy harto del silencio de los intelectuales"[88].

---

[85] Ver Letondal, Arthur (julio de 1918), "L'âme canadienne". *Le Nigog*, Montreal; y Dugas, Marcel (agosto de 1918), "Jeux et ris littéraires", *Le Nigog*, Montreal.

[86] En este intercambio se explotará otro aspecto del *ethos* cuando Dugas insista en el hecho de que Letondal, músico, debió haberse limitado a su área de competencia.

[87] Frase de Claude Péloquin incluida en una enorme muralla de Jordi Bonet, elaborada en 1968 por el Grand Théâtre de Québec.

[88] Dubois, René-Daniel (1995). "Je n'aime pas ce qu'est devenu mon pays". *La presse*, 11 de octubre, B3.

Estas ocurrencias no cortan de plano el diálogo, el otro es, por el contrario, invitado a reaccionar, a manifestar su buena voluntad, a invertir la imagen que se haya construido de él. De otro orden es este pasaje de una carta de Marc Angenot a su colega de la Université du Québec à Montréal Bernard Andrès, en tiempos en que las discusiones sobre el nacionalismo quebequense eran intensas:

> Luego, a fines de agosto, Pierre Falardeau, finalmente puesto al tanto por tus colegas uqamienses, denunciaba expresamente al CIADEST en *Le Devoir*, siempre él, y siempre Falardeau, el *stand up comic* del mundo occidental, que creyó que mis palabras sobre los intelectuales podían estar dirigidas a él, inocente error –paralelo al error que *lo* hace confundir el nacionalismo resentido y la izquierda[89].

Podemos constatarlo, no hay ninguna vehemencia en esta indirecta contra un ausente de la interlocución, pero la injuria es manifiesta. Más allá de la cuestión teórica identificada (la confusión entre el nacionalismo resentido y la izquierda), el sarcasmo excluye de modo visible a Falardeau de la clase de los intelectuales, al ataviarlo de una cualidad muy alejada de las reivindicaciones del atacado, la de ser un "stand-up comic".

El hecho de que la injuria no sea siempre aislable en un enunciado tiene consecuencias. Y, no obstante, es un hecho que fue poco observado por los teóricos especializados. Los trabajos sobre el tema han abordado la injuria sobre todo desde la perspectiva de su forma lingüística y semántica: morfemas, subjetivemas, ideologemas, paradigmas lexicales más ampliamente explotados, etc. En algunos trabajos, su descripción formal está incluso al servicio de una puesta en valor de sus cualidades estilísticas (inventiva verbal, metáforas expresivas). También se ha escrito mucho, principalmente en investigaciones inspiradas en el psicoanálisis, sobre la intencionalidad que subyacería al acto de injuriar, asociándolo a la pulsión de muerte y al odio hacia el otro. Todos esos trabajos aportan elementos de análisis pertinentes, pero en su mayoría tienen el defecto de apoyarse o bien en una especie de imaginario de la injuria que conduce a percibirla desde el inicio como una forma de violencia, o bien en ejemplos de diccionario disociados de su contexto de enunciación. De todos modos, recogemos de esos aportes, especialmente de Larguèche (1983; 1993), Huston (1980) y Chastaing y Abdi (1980), la idea de que la injuria es ante todo un acto de nominación calificante, cuya forma de base, según Larguèche (1988), sería el sintagma determinante "pedazo de…" [*espèce de…*]. También adoptamos la idea de que esa nominación calificante pone en juego la cuestión de la justicia o de la justeza y que, dada una dimensión agonística que instala entre el enunciador y su blanco una relación de fuerza, plantea igualmente el problema de una ética dialogal en contextos públicos.

---

[89] Angenot, Marc (febrero de 1997). "Lettre ouverte à Bernard Andrès". *Liberté* 229, 118.

2. Situación de enunciación general

¿Cuáles son los parámetros a partir de los cuales se vuelve posible analizar el tenor pragmático e ideológico de los actos de discurso percibidos como injuriosos? Comencemos por hacer algunas indicaciones con respecto al contexto de enunciación, inspirados en trabajos lejanos de Dominique Maingueneau (1984). Nos interesa, en principio, establecer que el acto de habla tiene lugar en un contexto en el que se interpenetran diversos sistemas de reglas articuladas a tres sistemas concomitantes: el espacio discursivo, el campo discursivo y el universo discursivo.

El *espacio discursivo* es el propio espacio de relación que el enunciador establece con el o los destinatarios así como con su blanco, en el caso, por supuesto, de una relación conflictiva de tipo polémico. Una toma de palabra polémica –*a fortiori* cuando la injuria entra en juego– es siempre un intento de modificar o de reforzar la relación de un sujeto con otro. No obstante, si en nuestros vínculos privados las ofensas cuestionan principalmente el lazo de confianza, en la intervención pública se agrega algo que complejiza el análisis: el Tercero, delante del que se desarrolla el combate. En no pocos casos, este actante mudo tiene el rol principal: es a él a quien se dirige el discurso, es a él al que se corteja, en ocasiones a espaldas del adversario, pero para lograrlo el enunciador debe saber evaluar hasta dónde puede llegar. En ese contexto, la injuria y el insulto son mucho más que manifestaciones de humor: remiten a un cálculo pragmático, a través de estas operaciones se negocia un contrato interlocutorio entre el enunciador o su adversario, por un lado, y entre el enunciador y el Tercero, convidado como cómplice, por el otro. Conviene agregar que este Tercero es una figura doble: puede tratarse del público inmediato, pero detrás de este puede delinearse una instancia judicativa mucho más lejana: Dios, la Ley o, como en Ronsard en su polémica con los calvinistas, la posteridad: "Pero antes de finalizar, escucha, raza futura / Y como un testamento guarda esta escritura" (1993, 174).

El *campo discursivo* es una configuración institucional dotada de reglas relativamente precisas, en cuyo marco los protagonistas establecen relaciones de alianza, de competencia o de oposición. Cada campo posee sub-campos o puede estar incluso atravesado por otros campos: por ejemplo, un profesor de literatura integra al mismo tiempo el campo de la literatura y el de la investigación universitaria. En un espacio discursivo polémico, es importante considerar la determinación del campo sobre la relación. Debemos considerar en primer lugar los géneros de discurso legitimados o no por el campo. Debemos tener en cuenta asimismo las relaciones objetivas entre los interlocutores en términos de proximidad y distancia, subordinación y autonomía. Por ejemplo, cuando Pierre Falardeau se dirige a un agente de Téléfilm Canada, apunta a una instancia que tiene el poder de otorgarle o negarle subvenciones; es posible suponer, por lo tanto, que pone en peligro sus chances de éxito frente a este organismo, pero su intervención también puede darle el visto bueno de los Terceros que ejercerán de ese modo una presión favorable sobre las instancias de poder. Otro ejemplo: el altercado en 1994 entre Jean Larose y Pierre Foglia oponía dos campos en competencia, el universitario y el periodístico, cada uno con reglas de discurso divergentes y al servicio de públicos diferentes. La polémica, por otro lado muy breve, no instauró un diálogo entre los dos protagonistas, en tanto cada uno se dirigía a su propio público. Cada campo obedece a rituales y a reglas precisas, lo que crea malentendidos no solo entre los protagonistas de un intercambio que pone en juego dos campos en competencia, sino también en el Tercero que, a menudo, ignora los rituales propios de uno u otro campo. Esta ritualización propia de los campos implicados explica asimismo por qué la injuria no es mortífera en sí misma y a veces hasta puede ser del orden del juego, de la simulación (este es el caso, en particular, en el campo literario, pero esta particularidad no es percibida o aceptada por todos, como lo prueba la reacción de algunos integristas musulmanes a los *Versos satánicos* de Rushdie).

En último lugar, el *universo discursivo* comprende al conjunto de los campos susceptibles de entrar en relación en una sociedad dada. Aquí también las nociones de proximidad/distancia y de subordinación/autonomía son pertinentes. La evaluación de las puestas de un acto polémico y de una enunciación injuriosa debe dar cuenta de esta determinación. Por ejemplo, si alguien escribe en un periódico quebequense que Bush es un "asesino", una "mierda" o una "porquería", existen pocas chances, a pesar de la extrema gravedad de las acusaciones lanzadas, de que el principal interesado se notifique, y menos aún de que responda. Esas palabras no instauran una relación entre el enunciador y Bush sino, más bien, una relación con los Terceros, aquellos que lo leerán. De todas formas, las fronteras nacionales y lingüísticas no siempre garantizan una distancia neutralizante. Es así como los artículos de Mordecaï Richler y de René-Daniel Dubois sobre Quebec, publicados en el *New Yorker* y en *Le Monde*, provocaron vívidas reacciones en Quebec a pesar de la distancia del lugar de enunciación. Aquí entra en juego la autoridad reconocida por los lectores quebequenses a esos dos órganos de difusión, y por lo tanto los efectos que esos discursos pueden ejercer sobre Terceros cuya opinión es una apuesta importante.

3. *Ethos* y *anti-ethos*

Todo intercambio implica un acto de afirmación y un pedido de reconocimiento. Retomando una fórmula de François Flahault (1978), el intercambio, aunque sea el más anodino, pone a prueba tres preguntas: ¿Quién soy yo para mí? ¿Quién soy yo para ti? ¿Quién eres tú para mí? El análisis puede limitarse a las marcas textuales, traicionando las relaciones de fuerza. De todas formas, e incluso si el intercambio contribuye a *construir* la relación (en un sentido positivo o negativo), es evidente que algunos procedimientos son tributarios de los *preconstruidos*, ya sea sobre la base de una *doxa* ampliamente compartida, ya sea sobre creencias individuales elaboradas a partir de percepciones más o menos racionalizadas. Es aquí donde conviene hacer intervenir las nociones de universo discursivo y de campo discursivo, así como la posición que allí ocupan los interlocutores.

El vínculo entre las personas enunciativas (Yo/Tú) y su *persona*[90] socio-institucional está atado a la noción de *ethos*. Si bien el *ethos*, según su definición clásica, no es atribuible más que a la persona del enunciador, proponemos considerar igualmente, en el intercambio polémico, una figura opositiva asociada al Anti-Sujeto, que denominaremos "anti-ethos". Seamos claros: el anti-ethos es una figura elaborada por el que toma la palabra; se trata, por lo tanto, de una función del discurso atacante. Cuando el blanco al que se apunta toma, a su turno, la palabra, los valores pueden invertirse. De todas maneras, la persona atacada debe componer su discurso considerando lo que fue dicho sobre ella; su toma de palabra está, así, en parte orientada por la existencia de ese simulacro construido alrededor de su persona, del que debe intentar desligarse frente a su interlocutor, sin duda, pero ante todo frente al Tercero. Asimismo, el *ethos* positivo es doble: en efecto, es necesario establecer una distinción teórica entre el *ethos actuado* (que se desprende del acto de enunciación) y el *ethos representado* (que define al Sujeto del enunciado). La distinción puede parecer sibilina, y es cierto que ambos se confunden fácilmente. Sin embargo, consideraremos dos fenómenos. En primer lugar, es habitual que un sujeto de habla (Enunciador) se exprese en nombre de un Sujeto más general representado en su discurso. Así, cuando Lise Bissonnette asume el mandato de invertir la opinión emitida por Mordecaï Richler con respecto a los nacionalistas quebequenses, se pronuncia evidentemente desde su posición de autoridad (directora de un periódico reconocido), pero su texto se orienta en su totalidad a la defensa del *ethos* del Sujeto nacionalista quebequense[91].

El segundo fenómeno que corrobora la distinción que proponemos es el siguiente: el *ethos* afirmado en el acto de enunciación es susceptible de volverse, a su vez, objeto del discurso del oponente. Retomando el ejemplo anterior, un oponente a Lise Bissonnette tenía la opción de criticar, en su respuesta, el *ethos* nacionalista sostenido en el discurso así como el *ethos* de la propia Bissonnette, fundiéndolos uno en otro según su necesidad.

El *ethos* cubre el conjunto de los rasgos pertinentes para la construcción no solo de una representación del carácter, sino también de una identidad, que desborda al individuo para inscribirlo en conjuntos más amplios. Distingamos en principio el *ethos* pre- o paradiscursivo del *ethos* elaborado por el discurso. Al enunciador se le atribuye una determinada cantidad de cualidades incluso antes de que tome la palabra: su nombre, su edad, su sexo, su nacionalidad, su profesión, su pertenencia a tal o cual organización. Agreguemos a esto la reputación que se deriva de acciones o de tomas de palabra en el pasado. Esos rasgos no son necesariamente conocidos por todos; también puede suceder que para acompañar una toma de palabra publicada sean asociadas al nombre del enunciador una serie de cualidades particulares que permiten situar al individuo en el campo de lo social, al tiempo que se le confiere una autoridad. Esas atribuciones no son inocentes. A veces, la eti-

---

[90] El término latino *persona*, que el autor emplea en el original, remite a la máscara utilizada por un personaje teatral [ASM].

[91] Bissonnette, Lise (1994). "L'entretien du monstre". *Le Devoir*, 30 de mayo, A8.

queta que se le coloca es elegida por la redacción del periódico o de la revista, como le sucedió a Pierre Falardeau cuando en lugar de emplear el habitual término calificante "cineasta", el semanario *Voir* lo denominó "Pierre Falardeau, agitador", lo que –sospechamos– hizo saltar a Falardeau, que reaccionó ante el insulto conminatorio.

> ¡No, pero, estás hablando de imbéciles! Agitador. Yo nunca escribí eso, agitador. Parezco un cocinero agitando su ensaladera. Estás hablando de hijos de puta. Yo los voy a agitar cuando los agarre de los huevos. Váyanse al infierno. Esto va a terminar en una "tormenta de golpes en la jeta" señores defensores de las montañas Rocosas disfrazados de tontitos cancheros (Falardeau 1999, 174).

Otro factor a observar en este juego de identificaciones es el propio lugar de publicación y el vínculo que el enunciador mantiene con los representantes de ese lugar. Cuando Valdombre se enfrenta al cronista Roger Duhamel (al que llama Loger Caramel) en 1943 sus disparos apuntan, más allá del periodismo, al *ethos* colectivo del periódico *Le Devoir*, considerado como una entidad homogénea asociada a un universo de valores bien definido.

Así, los datos para-discursivos solo son objetivos en apariencia. En realidad, estos están permanentemente sometidos a la interpretación de los actores presentes. Mediante el discurso se construye un imaginario de sí mismo y de los otros a partir de procedimientos que explotan las relaciones simbólicas y sociales, en tanto estas tienen peso sobre la racionalidad de los intercambios. Pierre Falardeau siempre utiliza profusamente la técnica de la asociación entre el individuo y su (o sus) inscripción institucional. No es extraño que el propio enunciador exponga las cualidades que legitiman su intervención. Menos extraño aun es que la carga polémica pase por pintar un retrato poco halagador del adversario, retrato que puede además constituir el único argumento. Pero a menudo también, y esto es por otra parte lo único que le interesaba a Aristóteles, la puesta en escena del *ethos* permanece implícita, y solo se traduce en el tono empleado, en el nivel de lengua y, por supuesto, en el modo en que trata a su adversario. Este es el aspecto en el que nos detendremos ahora, al presentar los indicios textuales que nos permiten analizar cómo se negocia la relación con el otro y de qué modo se construye, mediante la alusión al blanco, la figura del *anti-ethos*.

4. Definición del Anti-Sujeto

El análisis del *anti-ethos* impone en primer lugar definir el estatus interlocutorio del Anti-Sujeto: ¿nos dirigimos a él como a un interlocutor o bien está relegado al estatus de objeto del discurso? Existen diversos tipos de blancos, así como múltiples maneras de nombrarlos. Pueden ser individuales, colectivos o genéricos. Son *colectivos* en el caso de grupos constituidos, partidos o movimientos ideológicos: "Rogaremos para que ese monstruo temible del racionalismo, que acaba de mostrar nuevamente su rostro repugnante en el Instituto y que intenta expandir su veneno infecto en un folleto en el que repite blasfemias provenientes de esa cátedra pestilente, no pueda perjudicar a nadie"[92]. Olivar Asselin, en 1911, trata a los administradores de la Universidad Laval de "viejos chochos" y de "cretinos" (2002, 66-69); como esos administradores son pocos y fácilmente identificables, la descripción sin duda resultó hiriente. Más vehemente aun es Victor Barbeau cuando se enfrenta a los regionalistas en 1919, salvo que esta vez es lícito que los individuos no se sientan afectados personalmente.

> Los regionalistas son los más imprecisos, los más ambiguos de los contradictores. Es imposible dialogar con ellos por lo difusos, enrevesados e incomprensibles que son. Además, son grandes expertos en artimañas. [...] aprovechadores del pasado [,] monopolizadores de la historia [,] policías de la inteligencia [...]. Espíritus amurados a una fe ciega, cerebros refractarios a toda forma de progreso, de innovación, chauvinistas en plena ebullición cuya ambición es excomulgar toda obra que no tenga su marca registrada, anatematizar a todos aquellos que se esfuerzan por escribir en francés más que en canadiense (Barbeau 1966, 7).

Se percibe claramente que aquí se delinea un sistema de valores, cuyas categorías semánticas e ideológicas podríamos analizar. Lo importante para nuestros fines es mostrar cómo la carga apunta ante todo a un *ethos* (colectivo), a una manera de ser, a una actitud moral, incluso al respeto de las reglas básicas de la discusión ideológica.

En un artículo de 1920, Barbeau arremete: "Monótonos, incoloros, rutinarios, abusaron, por definición, de su insignificancia y su mediocridad hasta el hartazgo. Fueron los campeones del lugar común, del cliché y de lo remanido"[93]. Así y todo, en este mismo artículo el blanco se individualiza. Barbeau fustiga la mediocridad de una crítica literaria firmada por Alonié de Lestres. Ignorando o simulando ignorar que en realidad se trataba de Lionel Groulx, escribe:

> Otro mamarracho inmundo, además de cretino incorregible, alimentado por los mismos principios, criado en la misma escuela, acaba de encerrar, a su turno, a la lengua francesa en la cárcel de lo regional para someterla a trabajos forzados. Más centinela que sus predecesores, más militante que sus émulos en embrutecimiento, este sectario de la doctrina "¡Fuera del Quebec, nada!" inflige a la gramática, a la claridad y al sentido común los peores suplicios a los que se los haya sometido jamás hasta ahora [...]. Nadie había logrado acumular antes tantos barbarismos y solecismos en un solo artículo. El escritorzuelo que lo firmó alcanzó en un solo movimiento la cima del Himalaya de la estupidez nacional.

Va de suyo que el argumento *ad hominem*, explotado en este pasaje, se corresponde con la idea espontánea que todos se hacen de la injuria y de sus desastrosas consecuencias en el plano interpersonal. Pero la historia se reserva algunas sorpresas: años más tarde, Barbeau pronunciará un vibrante elogio de Groulx.

---

[92] Mgr. Ignace Bourget, prédica publicada el 18 de enero de 1863, citada en Dessaules 1994, 236.
[93] Turc [Victor Barbeau] (1920). "Le francais au bagne". *La Presse*, 19 de junio, 2.

Los blancos *genéricos* no son grupos constituidos sino categorías de individuos, categorías ideológicas, morales o de otro tipo. Valdombre redacta en febrero de 1943 una carta virulenta a los "ricos", a los que califica como "cerdos". En su famosa "Oda al enemigo", Claude Gauvreau se enfrentará también a los burgueses, a quienes califica como "cerdos maltratadores", "putos cerdos de mierda" (1980, 312-314). Aquí el factor determinante es la transgresión verbal, mucho más que el ataque contra el "enemigo". El discurso que acompaña el film de Falardeau "Le temps des bouffons" [*La hora de los bufones*] también parece apuntar a un blanco genérico (la "pandilla"), solo que en *off* la imagen designa simultáneamente a personas bien reales. Eminentemente humorística, la "demostración" favorece el odio generalizado hacia un Anti-Sujeto polimorfo mediante la descripción de actitudes físicas y morales que lo caracterizan.

> Todo en ellos es rapaz. [...] Toda la pandilla de los benefactores de la humanidad. Crápulas a los que se les hacen monumentos, aprovechadores que se las dan de filántropos, pobres tipos amigos del régimen disfrazados de senadores seniles, buenas mujeres con el culo cerrado, putitas que chupan para ascender al *top*, periodistas trepadores vestidos de editorialistas serviles, abogados podridos, trajeados de jueces a $100.000 por año, lameculos que se creen artistas. Toda la pandilla está ahí: un montón de insignificantes cromados, encorbatados, premiados, vulgares y groseros con sus trajes elegantes y sus joyas de lujo. [...] Llenos de mierda a fuerza de estupidez y pretensiones. Maltratadores, mentirosos, ladrones. Y todo eso se reproduce en sus hijos. ¡Una vergüenza para la humanidad! (Falardeau 2000, 75).

El elemento determinante en estos tres ejemplos es la relación inicial del enunciador con el Anti-Sujeto que es, en efecto, una no-relación que la intervención busca, además, exacerbar. Aquí no hay ninguna intención de convencer al adversario de nada; es más ¿hay alguna intención de herirlo? Sin duda, pero como el cuerpo a cuerpo no se produce y el estatus genérico de la clase que constituye el blanco otorga a los individuos incluidos la posibilidad de no sentirse personalmente concernidos, el insulto tiene otra función: la de suscitar o provocar en el lector receptor el odio hacia una clase figurada globalmente, portadora de valores negativos. El insulto es mucho más feroz en la medida en que el atacado no responde. Desde esta óptica, la injuria traduce la sensación de un abismo infranqueable entre el enunciador y el otro: es la constatación a la vez horrorosa y gozosa de ese abismo. Horrorosa porque el otro, percibido como un ser inaccesible, duro y compacto, parece poseer un poder inaccesible; gozosa porque la falta de interlocución permite una descarga pulsional sin límites. La injuria puede, en ciertos casos, destruir la interlocución: en estos últimos ejemplos tenemos la sensación de que el polemista que recurre a ella la juzga destruida desde el inicio. De allí la importancia de examinar la posición ocupada por el enunciador y por el blanco en sus respectivos campos discursivos. La injuria que vale es la que el otro no puede ignorar. Para ello, es preciso que constituya una amenaza real para el injuriado, ya sea porque el injuriador tiene autoridad frente al Tercero, ya sea porque su opinión es considerada importante a los ojos del injuriado. En la intervención de Falardeau estas condiciones no están dadas, porque la autoridad del Enunciador está lejos de ser unánime y, hay que decirlo, porque la película tuvo una difusión limitada. De ese modo, el discurso tuvo mucho más impacto en los cómplices que en las personas atacadas, a las que les resultó sencillo denigrar a la propia persona del cineasta o simplemente ignorarlo.

De modo que la eficacia de la injuria no es proporcional a su fuerza ilocutoria. A inicios del siglo XX, Olivar Asselin fue juzgado por sus libelos e incluso fue preso por haber escrito textos mucho menos virulentos que los que acabamos de citar. Pero como gozaba de cierta autoridad en tanto periodista, y como sus artículos, inscritos en el campo político, acusaban de corrupción a personajes bastante específicos, en la víspera de las elecciones su alcance pragmático era aún más amplio.

Conclusión

Para concluir, recordemos brevemente los parámetros a tener en cuenta para el análisis de la injuria. Aquellos que contribuyen a la definición del *anti-ethos*: los procedimientos de descalificación y de nominación (la injuria, a menudo, los reúne) y los procedimientos de asociación (el blanco es, a menudo, asociado ya sea a otros individuos que serían sus cómplices, a un grupo constituido, o a una categoría de individuos). Es preciso además tener en cuenta el tipo de blanco (individual, colectivo o genérico) y su estatus interlocutorio. Otros son los procedimientos que hacen a la relación con el blanco: se trata de los operadores de acercamiento, distanciamiento o ruptura. Según el campo, el género de discurso y la posición que el interlocutor ocupa en el campo, pesan determinadas reglas interlocutorias sobre el enunciador, que este puede respetar o transgredir. A menudo el discurso dicta explícitamente las reglas deontológicas que deben respetarse. Si la injuria es una distorsión de esas reglas, hay que comprender entonces en qué funda el sujeto la legitimidad de su empleo. La mayoría de las veces es una respuesta a un trato violento recibido.

La indicación de estos parámetros conforma la base para un análisis del funcionamiento de la injuria y el insulto. ¿Qué los autoriza? ¿Cómo es que aparecen en la dinámica de la interlocución? ¿Qué efectos producen? De todas formas, la interpretación puede y debe continuarse más allá de estas observaciones. Si, por razones de espacio, en este artículo nos conformamos con ilustrar cada parámetro con ejemplos aislados, vale la pena recordar que cada una de las intervenciones citadas se inscribe en un conjunto más amplio que en última instancia hay que tener en cuenta. Podemos considerar tres tipos de conjuntos. El primero consistiría en reunir todas las intervenciones polémicas de un mismo individuo y extraer de allí las estrategias privilegiadas, la firma, en relación con la posición que este ocupa en el espacio social (posición que además puede modificarse a lo largo del tiempo). Un segundo conjunto reuniría todos los textos de un espacio polémico. Por ejemplo, hemos aglutinado para una futura investigación todos los textos incluidos en las múltiples polémicas que tuvieron lugar en Quebec durante el decenio 1990-2000. Al examinar los debates a la luz del *ethos*, estamos en posición de asistir, prácticamente "en directo", al complejo trabajo de configuración de las totalidades ideológicas (fundadas en alianzas durables o provisorias, rupturas, tomas de distancia, etc.). Un tercer conjunto explorará el *ethos* desde una perspectiva diacrónica: la cuestión será verificar cómo, en un campo dado, la postura polémica ha podido evolucionar y, con ella, el tratamiento de la injuria. En el caso de la tradición polémica panfletaria quebequense hemos podido observar, por caso, a partir de un muestrario que reúne cerca de 3000 textos, que el modo abiertamente injurioso es más bien infrecuente. De más esta decir que en este corpus abundan los toques de sarcasmo, las salidas humorísticas, las mezquindades de todo tipo, los actos de rechazo, las denuncias, las palabras que transmiten irritación e intolerancia, etc. Sin embargo, no se observa en Quebec una gran tradición del insulto tal como puede haberse practicado en Francia, de Rochefort a Cavanna, pasando por Céline, Bernanos y Bloy. Muchos de nuestros más célebres "panfletarios" son más bien comparables a Paul-Louis Courier: los Buies, Dessaules y Bourgault, aunque fogosos y en ocasiones furiosos, mantienen sus argumentaciones en el límite de la lógica y la racionalidad, observando cierto apego al diálogo abierto. Tardivel sermonea y pontifica, pero jamás agravia. Asselin y Fournier pueden ser malévolos pero lo hacen con un espíritu de juego que desdramatiza la violencia de sus palabras. En definitiva, los únicos autores en los que el insulto adoptó de forma regular un giro agresivo u hostil son Fréchette (generalmente volcado a la argumentación racional), Barbeau, Valdombre, Gauvreau (en sus textos periodísticos) y Falardeau. Dicho esto, un análisis de sus respectivos *ethos* demostraría que ellos no recurren a las mismas estrategias de posicionamiento y que no responden a un mismo tipo ideal, ni siquiera a una ideología común.

Referencias bibliográficas

AMOSSY, RUTH (dir.) (1999). *Images de soi dans le discours. La construction de l'ethos*. París/Lausanne: Delachaux et Niestlé.

AMOSSY, RUTH (2003). "L'argument *ad hominem* dans l'échange polémique". En *La parole polémique*, editado por Gilles Declerq, Michel Murat y Jacqueline Dangel, 409-424. París: Honoré.

ANGENOT, MARC (1982). *La parole pamphlétaire. Typologie des discours modernes*. París: Payot.

ASSELIN, OLIVAR (2002). *Pensées françaises. Pages choisies*. La bibliothèque électronique du Québec, vol. 142.

BARBEAU, VICTOR (1966). *La face et l'envers. Essais critiques*. Montreal: Les publications de l'Académie Canadienne-Française.

CHASTAING, MAXIME y HERVÉ ABDI (1980). "Psychologie des injures". *Journal de psychologie normale et pathologique* 1:1-62.

DESSAULES, LOUIS-ANTOINE (1994). *Écrits*. Montreal: Presses de l'Université de Montréal.

FALARDEAU, PIERRE (1999). *Les bœufs sont lents mais la terre est patiente*. Montreal: VLB.

FALARDEAU, PIERRE (2000). *La liberté n'est pas une marque de yogourt*. Montreal: Stanké.

FLAHAULT, FRANÇOIS (1978). *La parole intermédiaire*. París: du Seuil.

FRÉCHETTE, LOUIS (1993). "Tartuferie". En *Satires et polémiques II*. Montreal: Presses de l'Université de Montreal.

GARAND, DOMINIQUE (1998). "Propositions méthodologiques pour l'étude du polémique". En *États du polémique*, dirigido por Annette Hayward y Dominique Garand. Sainte-Foi: Nota Bene.

GAUVREAU, CLAUDE (1980). "Ode à l'ennemi". En *La poésie québequoise des origines à nos jours. Anthologie*, compilado por Laurent Maillot y Pierre Nepveu. Montreal: Presses de l'Université de Québec/ Sillery/Éditions de l'Hexagone.

GRIGNON, CLAUDE-HENRI (1943). *Les pamphlets de Valdombre*. Sainte-Adèle.

HUSTON, NANCY (1980). *Dire et interdire. Éléments de jurologie*. París: Payot.

LARGUÈCHE, EVELYNE (1983). *L'effet injure. De la pragmatique à la psychanalyse*. París: Presses Universitaires de France.

LARGUÈCHE, EVELYNE (1988). "'Espèce de… !' Réflexions sur les relations de l'individuel et du collectif dans l'injure". *Psychanalyse à l'université*, XIII (49): 133-146.

LARGUÈCHE, EVELYNE (1993). *L'injure à fleur de peau*. París: L'Harmattan.

MAINGUENEAU, DOMINIQUE (1984). *Genèses du discours*. Bruselas: Pierre Mardaga.

RONSARD, PIERRE DE (1993). "Réponse aux injures". En *Discours des misères de ce temps*, París: Librairie générale française.

SCHMITT, CARL (1992). *La notion du politique. Théorie du partisan*. París: Flammarion. [Trad. esp.: *El concepto de lo político*. Buenos Aires: Struhart, 2006].

Las formas de la protesta.
Sociología de las movilizaciones y teorías
de la argumentación*

Juliette Rennes

Es difícil concebir la movilización sin dimensión argumentativa, o la argumentación pública sin actores movilizados. No obstante, los trabajos de análisis argumentativo sobre corpus de textos protestatarios y los trabajos de sociología de las movilizaciones a menudo tienden a ignorarse. Podemos consignar otra paradoja: cada una de esas dos corrientes de investigación se interesa, desde ángulos diferentes, por la regularidad de las formas de la práctica contestataria movilizadas en secuencias históricas que pueden remitir a la "larga duración". Por un lado, ciertos trabajos sobre argumentación muestran el número limitado de tipos argumentativos o *topoï* a los cuales recurren diferentes generaciones de actores en contextos diferentes; por otro lado, la sociología histórica de las movilizaciones –inspirada especialmente en los trabajos de Charles Tilly– echa luz sobre ese mismo principio de escasez de "repertorios de acción" de los actores movilizados para defender una causa.[94]

Este artículo propone pistas de articulación entre esos dos enfoques formulando al mismo tiempo algunas hipótesis sobre esta división del trabajo en el análisis de las prácticas contestatarias. El texto se apoya en una investigación en curso sobre diversas reivindicaciones de igualdad de derechos que se estructuraron en movimientos sociales en el espacio público francés y europeo entre el último tercio del siglo XIX y la época contemporánea. Los ejemplos analizados están, ciertamente, marcados por esa delimitación cronológica y por la apuesta igualitaria que los vuelve comparables, pero espero que las propuestas metodológicas de este texto puedan ser puestas a prueba por otros análisis de formas de movilizaciones.

A partir de la exploración de algunas posibilidades de análisis articulado de formas verbales y no directamente verbales de la protesta, me interesaré por los desplazamientos que este tipo de articulación puede operar en cada uno de los dos enfoques. Por un lado, el en-

---

* Rennes, Juliette (2011). "Les formes de la contestation. Sociologie des mobilisations et théories de l'argumentation". *A contrario* 2(16): 151-173.
[94] Ver Tilly 1986, 2006, 2008.

foque argumentativo muestra cómo, para defender una causa y atacar adversarios, los actores involucrados tienden a nutrirse de argumentos que se inscriben en el largo plazo: como la sociología histórica de la acción colectiva, pero inscribiéndose en temporalidades diferentes, esta perspectiva puede contribuir a restituir una parte de su profundidad histórica a las movilizaciones más efímeras y más contemporáneas –a veces categorizadas como "nuevos" movimientos sociales– desde la perspectiva del objeto de sus reivindicaciones y de sus modos de organización. Por otro lado, el análisis sociológico de la emergencia de las movilizaciones y del trabajo militante puede permitir superar la aparente inmovilidad de las cartografías de pares de argumentos opuestos que estructuran los conflictos durante decenios, incluso durante siglos. Se trata de mostrar cómo los discursos y los argumentos del pasado son incesantemente re-apropiados por actores que los experimentan, confrontados a situaciones inéditas, desplazando así lo pensable, lo decible y lo realizable. Así pues, esta articulación entre sociología de las movilizaciones y análisis argumentativo no deja de plantear algunas dificultades metodológicas. Exige no aplastar los diferentes niveles de historicidad que atraviesan un conflicto: la historicidad de los repertorios de acción, la de los tipos de argumentos, la de los discursos (o las formaciones discursivas) y la de los actores sociales.

1. Repertorios de acciones y repertorios de argumentos

Los estudios dirigidos por Charles Tilly entre los años 1980 y 2000 sobre la historia de las formas de la protesta en Europa desde el siglo XVI han derivado en un conjunto de conceptualizaciones ampliamente utilizadas aún en la sociología contemporánea, conceptualizaciones que, ciertamente, evolucionaron gracias a la confrontación con las críticas de otros investigadores. Entre los modelos más empleados, el de los "repertorios de acción" pone de relieve la cantidad restringida de formas de la acción colectiva en el largo plazo. El modelo permite explicar asimismo los factores estructurales de la inercia y de la transformación de esos repertorios, incluyendo por ejemplo los levantamientos en Francia contra el aumento del precio del grano del siglo XVII o las manifestaciones en las calles y las huelgas obreras del siglo XIX[95]. Tilly muestra cómo la estructuración estatal del espacio nacional, el desarrollo del capitalismo, el crecimiento de la prensa y la evolución de los medios de comunicación terrestre contribuirían a la transformación de los repertorios de acción a lo largo del siglo XIX, particularmente a su nacionalización.

En los estudios de argumentación, la metáfora del repertorio no está tan estabilizada ni teorizada como en la sociología histórica de las movilizaciones. Ella remite, desde la perspectiva abierta por Charles Tilly, a la capacidad de los actores individuales y colectivos de

---

[95] Para un balance sobre los usos y los puntos de discusión de este modelo ver, por ejemplo, Fillieule 2010.

forjar modos de acción inspirándose en formatos preexistentes, de manera que cada *performance*, al modo de un concierto de jazz, es a la vez típica y singular. Ahora bien, por estas características, la metáfora del repertorio resulta claramente operatoria desde un punto de vista argumentativo. De hecho, los análisis argumentativos de corpus de lo más variados intentan habitualmente mostrar cómo los actores tematizan y jerarquizan de manera inédita argumentos extraídos de *stocks* de *topoï* preexistentes: "reservorios de lugares comunes", para emplear una imagen común en los estudios argumentativos[96]. La identificación y la clasificación de los *topoï* presenta desde esta óptica cierta homología con el trabajo que consiste en repertoriar "el *stock* limitado de medios de acción a disposición de grupos de protesta en toda época y en todo lugar" (Péchu, citado en Fillieule, Mathieu y Péchu 2009, 454).

Sin embargo, las tipologías argumentativas se anudan con una perspectiva histórica con menos frecuencia que las tipologías de acciones colectivas. De Aristóteles a Cicerón y Quintiliano, de Locke o Leibniz a Douglas Walton pasando por Chaim Perelman[97], una gran cantidad de autores realizan repertorios de "los encadenamientos argumentativos en función del vínculo particular que une la o las premisa(s) a la tesis o conclusión" (Doury 2004, 59). Esos autores buscan esclarecer, no las modalidades argumentativas propias de una época o un lugar determinados, sino potencialmente el conjunto de los intercambios argumentativos existentes. Así pues, esos tópicos no solo se inscriben en una larga duración sino también en una perspectiva transhistórica, incluso antropológica: los argumentos enumerados por Aristóteles (1990; 2003) –tales como el argumento de incompatibilidad, el argumento *a contrario*, el argumento por la causa, por la definición o por el precedente– nos informan sobre los "esquemas" o los "moldes argumentativos" de los razonamientos contemporáneos. La perspectiva histórica está más presente en cuanto comenzamos a precisar las tematizaciones recurrentes de esos argumentos, es decir, en cuanto comenzamos a interesarnos por la dimensión semántica de los encadenamientos argumentativos. Por ejemplo, podrá analizarse en un corpus longitudinal el argumento de la decadencia, como forma de argumento por la consecuencia, o el argumento conspiracionista, como una forma de argumento causal. Lejos de ser incompatible con una perspectiva tipológica, este tipo de abordaje apunta precisamente a hacer visibles las formas de estabilidad y de recurrencia en el interior de periodos históricamente determinados, que pueden remitir al largo plazo. Ese es el caso, por ejemplo, de Albert Hirschman (1991), sobre la historia de

---

[96] Inspiradas en la teoría de los *topoï* de la antigua retórica aristotélica, las metáforas para pensar las regularidades argumentativas son más a menudo espaciales que temporales. Por ejemplo, la metáfora del "mapa argumentativo" [*carte argumentative*] remite a las arborescencias argumentativas típicas de un conflicto (a tal argumento se responde en general con tal otro argumento, luego refutado por tal otro argumento, etc.). El interés del término "repertorio" y de la referencia al jazz con respecto a la imagen de la cartografía de un debate reside precisamente en que permite integrar esa modulación temporal de los usos argumentativos.

[97] Sobre las tipologías formales desde Aristóteles, ver Plantin 2010.

la retórica reaccionaria, de Marc Angenot, quien trabaja sobre los grandes relatos militantes de los siglos XIX y XX (2000) y sobre la retórica panfletaria de 1868 a 1968 (1995), o incluso de Raphaël Micheli (2010) en su análisis sobre los debates parlamentarios en relación a la abolición de la pena de muerte desde fines del siglo XVIII en Francia.

Dicho de otro modo, en el seno de las tipologías argumentativas podemos distinguir dos perspectivas ligeramente diferentes que se alimentan mutuamente y pueden además coexistir en un mismo estudio. Por un lado, se busca prioritariamente definir estructuras formales de razonamiento y de argumentación transversales a la mayor variedad de corpus y de situaciones de comunicación. Por otro lado, se tiende más bien a dar cuenta de modos de razonamiento y de argumentación propios de los posicionamientos, de las arenas y/o de los géneros discursivos históricamente determinados. En este segundo enfoque, se renuncia a la perspectiva trans- (o a-) histórica para adherirse a la historicidad de las ideologías, de los "discursos" o de las "formaciones discursivas". Pero, a diferencia de la perspectiva abierta por Michel Foucault (1969), una historia discursiva, en cuanto se constituye desde un prisma argumentativo, implica tomar en consideración los fenómenos de orientación y reorientación de esos discursos en dispositivos de persuasión, de refutación, de realineamientos, en suma, una focalización en los procesos de conflictividad social.

Ahora, aunque este segundo enfoque –que Marc Angenot califica como "retórica histórica"– se ha frecuentemente volcado a los corpus contestatarios, sus aportes son poco utilizados en la sociología de las movilizaciones[98]. El estudio de Hirschmann es ciertamente conocido más allá de los especialistas en argumentación y discurso, pero ese estudio se concentra en el análisis de tres tipos de argumentos contra la igualdad o la democratización y no aspira a dar cuenta ni del conjunto de los repertorios argumentativos conservadores/reaccionarios de los dos últimos siglos, ni *a fortiori* del conjunto de repertorios "progresistas". De hecho, su estudio se articula más a menudo con una sociología de las movilizaciones de los grupos dominantes que con una sociología de los movimientos de protesta contra el orden establecido. Y si bien en Estados Unidos todo un campo de investigación se concentra desde los años 60 en la "retórica de los movimientos sociales", las relaciones entre los tipos de argumentos, los formatos de la acción colectiva y los actores que los movilizan son allí poco trabajados[99]. El trabajo de Marc Steinberg (1995) sobre las movilizaciones de los obreros tejedores en Londres en los años 1820, que busca mos-

---

[98] En Francia, en los manuales y diccionarios de referencia sobre la acción colectiva, la argumentación generalmente no es mencionada. Si encontramos, por ejemplo, las entradas "repertorio de acciones" [*répertoire d'actions*] y "análisis de marcos" [*analyse des cadres*] en *Le dictionnaire de mouvements sociaux*, es de notarse por ejemplo la ausencia de entradas para "argumento", "argumentación", "argumentario" o "discurso". Esto no debe ser considerado una "ausencia" o un olvido en la medida en que la vocación de este diccionario es precisamente dar cuenta de los enfoques y conceptos más utilizados por la sociología de las movilizaciones (Fillieule et al. 2009). La argumentación como objeto de análisis tampoco está presente en el manual interdisciplinario sobre el estudio de los movimientos sociales, coordinado por Klandermans y Roggeband (2010).

[99] Para un panorama de los artículos publicados dentro de esa corriente, ver Morris y Browne (2006).

trar las homologías y las relaciones entre la interdiscursividad (interdependencia entre discursos obreros y contra-discursos patronales) y la interacción (interdependencia entre formas de acción obreras y dispositivos de resistencia y represión patronales), integra ese grupo reducido de estudios sobre la articulación de esas diferentes dimensiones de las movilizaciones, aun cuando, en rigor, no recurra a un análisis de la dimensión argumentativa de las confrontaciones ni a una perspectiva de largo plazo.

¿Cómo explicar esa débil presencia de trabajos sobre argumentación en el análisis de las movilizaciones? A mi juicio, la distancia entre dos metodologías con historias muy diferentes (la metodología de las herramientas de análisis lingüístico y la de los métodos sociológicos), o la resistencia sociológica hacia el presunto idealismo de los paradigmas lingüísticos y discursivos no constituyen explicaciones satisfactorias. Al contrario, numerosas corrientes contemporáneas de la sociología de las movilizaciones, lejos de ser indiferentes a los componentes discursivos de la protesta, se apropiaron de algunas herramientas de las disciplinas del lenguaje y el discurso. Por ejemplo, bajo la influencia del análisis de los "marcos" de la Escuela de Chicago, y/o, más recientemente, de la sociología pragmática francesa, las teorías del relato y de las figuras retóricas han sido utilizadas para analizar la dimensión narrativa de las identidades colectivas y los enfrentamientos. También han sido movilizadas para tipificar los relatos que los actores involucrados en un conflicto producen para definir el problema que denuncian, atribuirle causas, responsables y soluciones[100]. Esos relatos y contra-relatos tienen evidentemente una dimensión argumentativa en la medida en que se orientan a un determinado tipo de conclusión práctica (por ejemplo, según un problema social se represente como causado por la miseria y la discriminación o por la elevada cantidad de inmigrantes, se sugieren soluciones diferentes), pero la forma narrativa está lejos de caracterizar todas las prácticas argumentativas, si entendemos por argumentación el conjunto de razones postuladas por actores movilizados y por sus adversarios para acreditar sus posiciones en un conflicto (Plantin 2002).

Podemos adelantar la hipótesis de que los análisis de los repertorios de acción y de los repertorios de argumentos son difíciles de articular, especialmente, debido a la heterogeneidad de las restricciones que contribuyen a limitar los argumentos disponibles en un conflicto y la amplitud de los repertorios de acción en ese mismo conflicto. Por ejemplo, desde un punto de vista estatal y legal, los dispositivos jurídicos que enmarcan la acción colectiva –mediante la prohibición de atentar contra el derecho de propiedad, contra la integridad de las personas, contra los bienes públicos, contra la libertad de circulación...– tienen una débil correlación con las normas sociales y las leyes que definen –por ejemplo,

---

[100] Sobre la corriente pragmática en sociología de las movilizaciones, ver por ejemplo el trabajo de Éric Doidy (en Fillieule, Mathieu y Péchu 2009: 161-167) y sobre el análisis de marcos, Benford and Snow (2000). Podríamos también evocar los usos, en la sociología de las movilizaciones, de los trabajos clásicos de Mills (1940) y Burke (1969) de orientacion lingüística y retórica, sobre el modo en que los actores movilizados verbalizan sus razones para la acción a través de un "vocabulario" o de una "gramática" de los motivos.

mediante la represión legalizada de la calumnia, la injuria o la difamación– lo que puede ser dicho en ese espacio público (Desmons y Paveau 2008). Igualmente, si las características políticas, sociales o profesionales de un grupo movilizado, sus recursos, sus competencias y su entorno material determinan en parte sus posibilidades de acción (algunas modalidades son descartadas por ser demasiado costosas en sentido literal y figurado, o porque exigen un agenciamiento espacial imposible de organizar, o porque implican una gran cantidad de participantes, o porque suponen la existencia de algunos saberes de los que el grupo movilizado se cree privado…)[101], la elección, la circulación y la recuperación de los argumentarios se encuentran mucho menos atadas a las condiciones materiales de realización: sobre un tema dado, un grupo A puede no estar en condiciones de reproducir, por las razones mencionadas más arriba, los modos de acción de un grupo B, al tiempo que se reapropia de los argumentos elaborados por el grupo B, que pueden definitivamente circular en el espacio social independientemente de las formas de acción a las que originalmente estaban atados.

Inversamente, grupos portadores de reivindicaciones con contenidos diversos pueden prestarse mutuamente formas de acción que se suponen accesibles y eficaces, mientras que sus argumentarios son sumamente heterogéneos. Por ejemplo, ciertas técnicas de lucha de los colectivos movilizados por los derechos de los homosexuales en Europa en los años 2000 –como las estrategias de perturbación de eventos mediatizados– son cercanas a las de los activistas ecologistas o a las de los militantes altermundialistas del mismo periodo, pero sus argumentarios, centrados en la igualdad de derechos, tienen frecuentemente más en común con las reivindicaciones feministas de los años 1880-1930 (Rennes 2007b): la mutación de las arenas mediáticas y militantes no afecta del mismo modo a los recursos argumentativos y a las acciones militantes. Así, en la medida en que la recuperación de argumentarios que ya han "servido" en otras movilizaciones no va de la mano con el proceso de "imitación" de "formas de protesta que funcionan" (Tilly 2008, 149), estudiar de manera conjunta repertorios de argumentos y de acciones lleva a considerar sus diferencias de historicidad.

Sin embargo, hay que pensar cómo esa heterogeneidad estructural entre argumentarios verbales y modalidades de acción colectiva coexiste con procesos de interacción e imbricación entre esas dos dimensiones de toda lucha. Una forma de acción colectiva puede movilizarse porque corresponde a una de las modalidades de acción rutinizadas del grupo en cuestión, porque está permitida, porque es poco costosa y presuntamente eficaz, porque tiene una dimensión expresiva, festiva, emocional o relacional pero, en tanto se sitúa necesariamente en una confrontación de posicionamientos en conflicto, siempre es susceptible de ser recibida (y concebida por sus iniciadores) como un argumento en el conflicto. En otros términos, no se trata simplemente de constatar una homología entre repertorios de ac-

---

[101] Sobre este punto, ver por ejemplo Offerlé (2008) y Cefaï 2007, 247-259.

ciones y de argumentos, ni de mostrar que la elección de las modalidades de acción siempre está determinada, en parte, por intercambios verbales y procesos interpretativos, sino también de estudiar cómo las personas movilizadas pueden producir textos y declaraciones para reaccionar a acciones diversas, o, inversamente, organizar acciones para refutar o desacreditar argumentarios adversos, dotando así su forma de acción de un alcance argumentativo.

Se sabe por ejemplo que toda manifestación callejera es susceptible de constituirse en argumento empírico visual a favor o en contra de la reivindicación que expresa, según la cantidad de personas movilizadas sea considerada "importante" o "escasa"[102]. Se sabe asimismo que es eso lo que está en juego también en las disputas sobre la cantidad de participantes que se dan entre los organizadores del evento y la policía, lo que confiere una particular importancia a las operaciones mediáticas de encuadre que pueden sugerir, por la elección de los planos, una manifestación rala y limitada o densa e interminable[103]. Uno de los argumentos de autoridad que los manuales de retórica denominan "el argumento del mayor número" (una medida es justa o una afirmación es verdadera porque es sostenida por el mayor número, o, en la época de los sondeos, por la "opinión pública") es así puesto en escena por los defensores de causas que se aplican a "hacer bulto", especialmente cuando se trata de refutar a los adversarios de dicha causa mediante la acusación de que no "interesa a los ciudadanos". Este es el tipo de refutación empírica al que se entregaban las votantes francesas de la Belle Époque a través de la organización de referéndums sobre el voto femenino, como el de mayo de 1914 que, con 500.000 participantes, reforzó el apoyo de mujeres no feministas a la causa del voto femenino (Hause y Kenney 1984). También con el fin explícito de refutar el argumento relativo al carácter impopular de su causa, las asociaciones de defensa del derecho al voto de los residentes extranjeros en Francia organizaron en 2002, 2005 y 2006 "votaciones ciudadanas" en las que franceses y extranjeros eran invitados a pronunciarse sobre el derecho al voto y a la elegibilidad de los extranjeros en elecciones locales. Al refutar un discurso de deslegitimación adverso mediante una acción colectiva, los propios actores establecían relaciones argumentativas entre las formas verbales y las formas no directamente verbales de lo que estaba en juego en el conflicto.

En el dominio más específico de las reivindicaciones igualitarias, los actos de desobediencia civil, cuando consisten en un rechazo a plegarse a una ley considerada como desigualitaria, es decir, que implica en una desigualdad de derechos, pueden ser elaborados por sus iniciadores como el despliegue empírico de un razonamiento. Este propósito argumentativo no excluye que la elección de ese modo de acción pueda traducir también, o en primer lugar, la consideración de una cierta cantidad de restricciones (por ejemplo, la dificultad de movilizar un número significativo de personas para apoyar la causa y/o la au-

---

[102] Sobre este uso argumentativo de la manifestación en democracia, ver De Nardo (1985).

[103] Ver por ejemplo los trabajos de Patrick Champagne sobre el tratamiento mediático de las manifestaciones (1990, cap. IV).

sencia de alianzas partidarias, asociativas, profesionales o sindicales) que vuelven los modos de acción más tradicionales, como la huelga o la manifestación, más difíciles de realizar. En los años 1880, cuando el sufragismo no constituía aún un movimiento organizado en Francia, la feminista Hubertine Auclert dejó de pagar los impuestos para denunciar públicamente la exclusión de las mujeres del derecho al voto. Presentó su acción como la conclusión de un silogismo jurídico: todos los contribuyentes son electores; yo soy contribuyente; por lo tanto debo ser electora. Y, agregaba, bajo la forma de un razonamiento *a contrario*: si se me niega el derecho al voto, no se me debe exigir que pague los impuestos ("no voto, no pago")[104]. Implícitamente, al recordar la pertenencia de hombres y mujeres a una categoría común, la de contribuyentes, convocaba lo que Chaïm Perelman identificó como el argumento de la regla de justicia, esto es, la exigencia de "aplicación de un tratamiento idéntico a seres o situaciones que integran una misma categoría" (Perelman y Olbrechts-Tyteca 1958, 294).

Prolongación empírica de un razonamiento, un acto de desobediencia puede apuntar simultáneamente a refutar un razonamiento adverso. Presentarse en una elección sin ser elector ni elegible para reclamar el derecho al voto y a la elegibilidad, como las militantes sufragistas durante la Belle Époque; ocupar individual y colectivamente, siendo negros, espacios públicos reservados a los blancos para denunciar la segregación racial, como lo hacían los negros americanos del civil rights movement desde fines de los años 1950; casar ilegalmente a personas del mismo sexo para reclamar la universalización del derecho al matrimonio como en Estados Unidos (San Francisco) y en Francia (Bègles) en 2004, en Grecia en 2008, en Argentina en 2009 o en China en 2010; hacer participar a concejales extranjeros "asociados" (no miembros) en concejos municipales para reclamar el derecho al voto y a la elegibilidad para todos los residentes más allá de su nacionalidad, como en ciertas comunas francesas entre 1985 y 1990[105]: esas heterogéneas formas de acciones ilegales pueden analizarse como algunos de los tantos medios para mostrar y demostrar (para "performar", podríamos decir) la igualdad superior de las personas infringiendo dispositivos legales desigualitarios.

Mediante la desobediencia se intenta en este caso invalidar empíricamente el argumento adverso relativo a la incapacidad del grupo discriminado probando, por el contrario, su capacidad de realizar actos (participar en las decisiones políticas, casarse, etc.) que se le prohíben en virtud de su sexo, su orientación sexual, su origen, etc. En ese contexto, la desobediencia civil constituye también una prolongación simbólica, bajo la forma pú-

---

[104] Hubertine Auclert se apoyaba sobre todo en el artículo 14 de la Declaración de los Derechos del Hombre y del Ciudadano de 1791, retomado en una ley de 1832: "Todos aquellos que pagan los impuestos tienen derecho a controlar por sí mismos o por sus representantes su necesidad [...], a consentirlos libremente, a vigilar sus usos" (Auclert 2007, 127).

[105] Especialmente en las comunas de Mons en Baroeul en 1985, de Amiens en 1987 y de Longjumeau en 1990, cuyas acciones fueron invalidadas por la justicia.

146

blica y argumentativa de una reivindicación, de las técnicas infrapolíticas e individuales de fraude que tiende a suscitar todo sistema jurídico y administrativo desigualitario. La situación de fraude implica sobre todo que un individuo enmascara el estigma que lo mantiene excluido (por ejemplo, falsificando su identidad civil para acceder a los derechos de residencia reservados a los extranjeros en regla o a los ciudadanos[106]), mientras que el acto de desobediencia consiste en rechazar abiertamente la exclusión que afecta a ese individuo portador de un rasgo estigmatizado (ligado al origen, al sexo, a la orientación sexual, a la edad, etc.), cuestionando la pertinencia de esa exclusión y afirmando de ese modo su pertenencia a la comunidad de iguales.

En cuanto a los adversarios de tales reclamos, no tienen en principio necesidad de organizar acciones específicas para hacer valer sus posiciones. En efecto, el conjunto de dispositivos jurídicos, administrativos y políticos que constituyen a las minorías discriminadas como categorías aparte (no autorizadas a acceder a determinados lugares, a detentar ciertos derechos, a ejercer ciertas funciones profesionales o ciertos roles sociales) aportan en una gran variedad de situaciones de la vida social una confirmación institucional de la "diferencia" del grupo discriminado: los defensores del *statu quo* pueden así apoyarse directamente en estos dispositivos, que legitiman y acreditan su posición relativa con respecto a la incapacidad del grupo discriminado de ejercer los derechos que se les niegan.

Así, a partir del análisis de las relaciones entre formas de acción colectivas y formas de argumentos, volvemos a encontrarnos con la pregunta acerca del anclaje institucional de los enfrentamientos argumentativos. Por ejemplo, uno de los argumentos centrales contra el discurso igualitario feminista en Europa a fines del siglo XIX y comienzos del XX era un argumento de encuadre [*cadrage*] o de definición consistente en asimilar a los hombres y las mujeres con especies diferentes e inconmensurables, entre las que la cuestión de la igualdad no era pertinente, ya que "allí donde no hay una medida común y por lo tanto no hay identidad, ni siquiera cabe plantear la cuestión de la realización de la justicia"[107]. Si este argumento, calificado más tarde de "diferencialista", era percibido como válido, es sobre todo porque podía encontrar apoyo, a lo largo de todo el periodo, en dispositivos materiales que –en contradicción con otros dispositivos igualitarios y meritocráticos– constituían, probaban y legitimaban tal inconmensurabilidad: así, en Francia, observamos algunas formas de segregación sexuada de los espacios escolares de la escuela primaria en el liceo; diplomas y concursos diferentes según el sexo[108]; un sistema de reconocimiento del "mérito femenino" que, en paralelo al sistema meritocrático escolar y profesional "universal-masculino", consistía en incentivar y recompensar no tanto los éxitos profesionales, académi-

---

[106] Sobre las controversias contemporáneas a propósito de los "fraudes" de los extranjeros para residir en Francia, a través del uso de la paternidad y de los matrimonios arreglados, ver Lochak 2010, 71-73.

[107] Tisset, citado en Perelman 1963, 24.

[108] El examen final del secundario (*baccalauréat*) es exclusivo de los varones hasta 1924, las Escuelas Normales Superiores y los concursos de cátedra son "femeninos" o "masculinos" hasta los años 1970-1980.

cos o artísticos sino "el trabajo personal y el mérito de la mujer que obró por el bien de la familia" (premio Couronne, fundado en 1890), las "madres de familia meritorias" (Medalla de la Familia francesa, creada en 1920, y Legión de Honor[109]), o incluso a las mujeres que se distinguían por su apariencia física, mediante los concursos de belleza que, calcados en parte de la lógica meritocrática de competencia y de trabajo sobre sí mismo, se institucionalizaron en el periodo de entre-guerras (Vigarello 2004, 199-206).

En cuanto a los reclamos igualitarios adversos, estos tendían a apoyarse en otros dispositivos políticos, jurídicos o profesionales que, en oposición a los anteriores, definían a los hombres y las mujeres como pertenecientes a una sola y misma categoría y por ende como mensurables y comparables entre sí: "hijos de la República", alumnos de escuelas laicas en oposición a quienes asistían a congregaciones religiosas, personas con derecho a las becas atribuidas a los dos sexos en función de los resultados escolares y del origen social, graduados universitarios, titulares de concursos de la función pública, una de cuyas partes estaba abierta a los dos sexos sin distinción, asalariados (y asalariadas) que detentan derechos sociales, pero también residentes, contribuyentes y, en virtud de la Declaración de los Derechos del Hombre y del Ciudadano de 1789 continuamente citada en este periodo, "seres humanos" (Rennes 2007a, 369-401). En otros términos, podemos mostrar cómo los conflictos argumentativos tienen raíz en tensiones y contradicciones que atraviesan las instituciones de una sociedad: en la Tercera República, las feministas extraían recursos críticos de los reglamentos meritocráticos e igualitarios de las instituciones republicanas para cuestionar las discriminaciones legales hacia las mujeres, pero de esas mismas instituciones, que continuaban produciendo y confirmando las desigualdades entre los sexos, se nutrían sus adversarios para defender el *statu quo*.

2. Tipos de argumentos, movilizaciones y actores sociales: temporalidades heterogéneas

No obstante, estas relaciones entre formas de acción, estructuras materiales y enfrentamientos argumentativos son más difíciles de aprehender en tanto y en cuanto los procesos discursivos se inscriben en una temporalidad propia que no es ni la de los repertorios de acciones, como vimos, ni la de los actores, ni la de las relaciones sociales: los antifeministas seguirán movilizando los mismos argumentos diferencialistas aunque las relaciones sociales entre los sexos hayan sufrido enormes transformaciones sociales y jurídicas y las desigualdades legales hayan sido abolidas. A la inversa, los defensores de la igualdad se-

---

[109] Las feministas reclamaban, desde los años 1890, una mayor apertura de la Legión de Honor en recompensa a su mérito profesional, académico o artístico, aunque esta se les atribuyó más frecuentemente por su maternidad fecunda entre las dos guerras.

guirán movilizando un argumento por la esencia, que consiste en presentar la obtención de la igualdad como coextensiva a una ley natural de la historia (ideología progresista que puede calificarse como "naturalismo historicista"), aunque las regresiones, los estancamientos, los cuestionamientos de derechos previamente adquiridos jalonen la historia de las luchas por la igualdad.

Esta asincronía entre procesos argumentativos e historia social y política es conocida por los propios actores de todo conflicto argumentativo duradero, dispuestos a reconocer en sus adversarios argumentos antiguos, "arcaicos", hasta "obsoletos". Las mujeres que militaban por el acceso a la magistratura entre las dos guerras en Francia destacaban que los argumentos de los adversarios, relativos a la incompatibilidad entre las cualidades exigidas para triunfar en las profesiones jurídicas y la "naturaleza femenina", habían valido treinta años antes en contra del acceso de las mujeres al Colegio de abogados, como ya habían servido todo tipo de argumentos a las consecuencias nefastas que la feminización del Colegio de abogados había, según las feministas, invalidado. Setenta años más tarde, los defensores de los derechos de los extranjeros y los de los derechos de las parejas del mismo sexo destacan que los perjuicios de la igualdad vaticinados por sus adversarios son de la misma naturaleza que los prejuicios otrora contrapuestos a los reclamos feministas. Así, según Didier Eribon, uno de los iniciadores y luego cronistas del matrimonio entre dos hombres celebrado en Francia en 2004,

> Toda la retórica, todos los argumentos movilizados en otra época y en tiempos recientes contra el derecho al voto femenino (y anteriormente contra el derecho al trabajo o a la autonomía jurídica de las mujeres), contra el divorcio, luego contra el aborto, la anticoncepción o, en lo que refiere a los homosexuales, contra el PACS[110] [los contratos de unión civil], fueron convocados en esa ocasión en términos intactos [...]. Esos esquemas ideológicos nunca parecen destruidos o desacreditados cuando aquello contra lo que eran invocados se vuelve realidad: inquebrantables, son una y otra vez sacados de los cajones en los que habían sido provisoriamente guardados y reactivados para bloquear nuevas reivindicaciones (Eribon 2004, 10)[111].

A la inversa, los adversarios de la unión legal de las parejas del mismo sexo ironizan con frecuencia sobre el carácter previsible y repetitivo del *topos* progresista mencionado arriba, que consiste en presentar el progreso hacia una siempre mayor igualdad como una "tendencia natural" de la historia: en ocasión de los debates sobre esa ley en la Asamblea Nacional francesa, Christine Boutin, una diputada conservadora, por ejemplo, se burla por adelantado de la retórica de sus adversarios que consistirá, según ella, en presentar el contrato de unión civil para parejas del mismo sexo como "la más perfecta expresión de la de-

---

[110] Se trata del Pacte Civil de Solidarité, modalidad de unión civil alternativa al matrimonio tradicional [ASM].

[111] Encontramos esta estrategia a favor del voto de los residentes extranjeros. Ver, por ejemplo, Bouamama (2000), que también pone en paralelo todos los argumentos contra el derecho al voto y los argumentos anti-sufragistas de la primera mitad del siglo XX.

mocracia, del progreso, de la inteligencia, del derecho, de la constitucionalidad, de la justicia, y así en adelante" (debate del 7 de noviembre de 1998).

Pueden citarse diversos elementos para explicar esta heterogeneidad entre la temporalidad corta de los actores involucrados en los desafíos específicos de un conflicto, aquella, ciertamente más larga, de los argumentos que allí se actualizan y aquella, también diferente, de las relaciones sociales en las que se inscriben estos conflictos argumentativos. En la línea de las teorías del conocimiento de inspiración marxista de los años 1920-1930[112], podemos sostener que la aparente inercia de razonamientos y argumentos con respecto a las transformaciones sociales es, en parte, la retraducción de una "falsa conciencia" o de un "desconocimiento" que adopta una forma diferente para los grupos conservadores y para los que reclaman el cambio. De un lado, los grupos conservadores tienen interés en creer y en hacer creer en ciertos razonamientos que justifican el *statu quo* cuando ciertos hechos sociales parecen, a los ojos de sus adversarios (o a los ojos del investigador), abogar a favor del cambio. En la línea de los trabajos posteriores surgidos de los Cultural Studies o del Critical Discourse Analysis, podríamos incluso precisar que esas creencias conservadoras tienden a difundirse bajo la forma de "discursos hegemónicos" que imponen ciertos cierres de la significación y crean así una incapacidad social para razonar por fuera de esos marcos[113]. Del otro lado, los grupos disidentes y heterodoxos involucrados en la acción colectiva tienen interés en creer y hacer creer que sus proyectos de transformación social se ajustan a una ley de la historia, lo que determina su uso recurrente del mencionado naturalismo historicista, un "sesgo sistemático a favor del optimismo" que estimula a las fuerzas militantes[114]. Esta interpretación –que podemos calificar como funcionalista, en el sentido de que se le atribuye a la estabilidad de los regímenes argumentativos un rol, el de legitimar la perpetuación de ciertas relaciones sociales o el de generar la esperanza de que están destinadas a transformarse– ha sido ampliamente movilizada desde inicios del siglo XX para explicar tanto la longevidad de este argumento causal de oposición a los reclamos de igualdad que es el argumento naturalista de tipo diferencialista (entendido como el hecho de justificar la discriminación que sufre un grupo social por su "naturaleza" intrínseca[115]) como la recurrencia del naturalismo historicista en los "grandes relatos militantes"[116].

---

[112] Por ejemplo, Lukacs (1960) y Guterman y Lefebvre (1936).

[113] Entre los usos contemporáneos de la noción gramsciana de hegemonía ver, por ejemplo, Fairclough 2003, 45-47, y sobre la noción de "política de la significación" ver, por ejemplo, Hall (1982).

[114] Gamson y Meyer 1996, 285-286, citado por Contamin 2010, 65.

[115] Por ejemplo, Myrdal (1996), Geertz (1964) y posteriormente Guillaumin (1992). Desde un punto de vista funcionalista, el naturalismo diferencialista permite a los grupos dominantes legitimar sus privilegios refiriéndolos a un determinismo no social o pre-social (la inferioridad natural del grupo dominante) inflexible e independiente de toda voluntad humana.

[116] Sobre la "falsa conciencia" de los grupos sociales interesados en el cambio, ver por ejemplo Gabel (1962).

Para dar cuenta de la resistencia al cambio de los argumentos y los discursos, una segunda explicación, que completa y a la vez recorta la anterior, refiere a la especificidad de las restricciones normativas que afecta a la formulación pública de los posicionamientos. En todo debate público, los locutores se encuentran restringidos no solo por las hegemonías y los marcos dóxicos mencionados (por ejemplo, el razonamiento según el cual la situación de un grupo discriminado se justifica por su naturaleza intrínseca), que tienden a delimitar un espacio de lo pensable y lo decible, sino por normas político-argumentativas que producen una escasez de los argumentos aceptables. Por ejemplo, la defensa frontal de una medida desigualitaria es inaceptable en un campo discursivo democrático, salvo si puede demostrarse que esa medida se apoya en una diferencia de situación entre los grupos que allí se distinguen y/o que se justifica por el interés general[117]. Así, los adversarios de la igualdad no solo insisten, como vimos con el ejemplo del argumento diferencialista, en el vínculo causal entre la diferencia "natural" del grupo discriminado y su situación social, sino también, como lo mostró claramente Hirschman, en las consecuencias contrarias al interés general que tendría la medida igualitaria: invocando sus efectos perversos (*perversity*), el peligro que la medida encarna para otras conquistas anteriores (*jeopardy*), su inutilidad (*futility*). Podríamos agregar a esta lista la invocación de las consecuencias nefastas que podrían sucederse en cadena a partir de la nueva medida hasta desembocar en un "final desastroso" (Walton 1992, 1): este cuarto tipo de argumento, que las teorías de la argumentación denominan "de la caja de Pandora" o "de la pendiente resbaladiza" (*slippery slope argument*) no es, en términos estrictos, descrito por Albert Hirschman, quien tiende a asimilarlo al argumento de la "puesta en peligro"[118].

Es en gran medida debido a esas restricciones normativas y al peso de las hegemonías que se imponen en los combates igualitarios desde hace más de dos siglos que, en relación con esos desafíos, diferentes generaciones de actores pueden recurrir a los mismos dispositivos argumentativos en arenas diferentes. Sucede lo mismo con actores contemporáneos caracterizados, unos y otros, por una gran heterogeneidad sociológica. Dicho de otro modo, el hecho de que grupos movilizados sean obligados a recurrir a montajes argumentativos que son tanto audibles públicamente desde el punto de vista de las creencias compartidas como aceptables desde el punto de vista de las normas del discurso público, confunde, esconde y complica el vínculo entre los argumentarios que movilizan, sus intereses y sus características sociales. Como señalaba Dominique Maingueneau al comentar discursos de un periodo totalmente distinto (la polémica jansenista en el siglo XVII): si pueden existir "similitudes sociológicas, psicológicas, interesantes entre los enunciadores efectivos de tal o cual discurso, su grado de homogeneidad no es en absoluto comparable al grado de cohesión de la formación discursiva de la que son enunciadores" (1984, 55).

---

[117] Sobre estos dos argumentos admitidos en derecho para justificar desigualdades legales, pero también corrientes en la mayoría de los razonamientos profanos pronunciados públicamente, ver, por ejemplo, Lochak 2010, 59-116.
[118] Para una discusión sobre este punto, ver Angenot 2008, 317-326 y Gosselin 1995, 306-ss.

Así, cuando nos preguntamos si las relaciones de fuerza entre los actores de un conflicto contribuyen a diseñar dominantes argumentativas y hegemonías, hay que analizar cómo estas se imponen a una pluralidad de actores movilizados, a veces de manera anacrónica, en vez de pensarlas en términos de "traducción" o "reflejo" de las características sociales o de los intereses de cada uno de los actores que se apropian de ellas. Por ejemplo, en la Tercera República, católicos tradicionalistas y anarquistas ateos que se oponían a la emancipación femenina movilizaban en gran medida los mismos argumentos por la esencia formulados con las mismas palabras: con un vocabulario cristiano laicizado sobre la "misión" y la "vocación" femeninas se apoyaban conjuntamente en paradigmas médicos que datan del último tercio del siglo XVIII –que justificaban la incapacidad social de las mujeres por la especificidad de sus órganos genitales y de los humores femeninos– y en estudios sobre la diferencia de tamaño entre el cerebro femenino y el masculino en boga en el último tercio del siglo XIX. De manera metodológicamente comparable, podemos intentar analizar el itinerario por el cual, en los años 1990, las contra-movilizaciones hostiles a la legalización de la homo-parentalidad, ya sea de parte de juristas, de sacerdotes, de investigadores en ciencias sociales o de parlamentarios, finalizaron por apoyarse de manera convergente en un argumento por las consecuencias fundado en valores comunes, el argumento del interés del niño, poniendo a circular las ideas de ciertas corrientes que, desde el seno del psicoanálisis lacaniano y de la antropología de la paternidad, insistían sobre la importancia del orden familiar heterosexual para la formación psíquica del individuo[119].

No obstante, si el número limitado de los argumentos a los que puede recurrir una gran pluralidad de actores contemporáneos o no contemporáneos entre sí contribuye a explicar el hecho de que la historiografía de las ideologías, de las "formaciones discursivas" y de sus configuraciones argumentativas solo otorga a menudo una posición secundaria a los actores, considerados como usuarios de repertorios de argumentos y de razonamientos preexistentes, ¿cómo articular esta perspectiva de análisis con la consideración del trabajo de esos mismos actores por desplazar lo pensable, lo decible y lo realizable?

3. Emergencia de las causas, evolución de las movilizaciones y reconfiguración de los repertorios argumentativos

La historia argumentativa de los conflictos suscitados por demandas de igualdad de derechos desde el último tercio del siglo XIX puede dar la sensación de ser un "debate inmóvil", para retomar el título de otro estudio argumentativo (Doury 1997): la oposición entre feministas y anti-feministas en torno al acceso igualitario de ambos sexos a los derechos ci-

---

[119] Sobre los usos de las ciencias sociales en este debate, ver por ejemplo Éric Fassin (2005, 137-159) y Codaste et al. (2006).

viles y políticos y a todas las profesiones en los años 1880-1930, los clivajes de los años 1980-2000 entre defensores de los derechos de los extranjeros y sus adversarios, y entre partidistas y opositores al acceso de las parejas del mismo sexo a la unión legal y a la filiación, tienden a estructurarse a partir de los mismos repertorios argumentativos, no solo en el nivel formal de los *topoï*, sino también en el nivel de la actualización temática de esos *topoï*, del modo en que lo destacaba Didier Eribon más arriba. Siguiendo la vía abierta por Hirschman, quien lo mostró de manera más general en relación a los argumentos hostiles a la igualdad, estaríamos tentados, para prolongar su trabajo, a diseñar una cartografía de pares (o de racimos) de argumentos opuestos (pro- y anti-igualitarios) que estructuran de forma recurrente las controversias en las que se pone en juego la igualdad (Rennes 2007b y 2007c).

Podemos, sin embargo, superar los límites de ese abordaje estructuralista y reintroducir la historicidad en el interior de esos procesos de recurrencia variando las escalas de análisis de esos conflictos: se trata, entonces, de aprehender el trabajo de los militantes, los acontecimientos y los cambios de los que se apropian para hacer emerger sus reivindicaciones y actualizar antiguas formas argumentativas en función de la carrera o evolución de un conflicto.

En su investigación sobre las movilizaciones de los años 1990-2000 en Francia a favor de la abolición de la práctica administrativa y judicial que autoriza la expulsión de los delincuentes extranjeros luego de su pena de encarcelamiento, denunciada con el nombre de "doble pena", Lilian Mathieu (2006) articula, por ejemplo, una investigación documental sobre la genealogía de esta causa, entrevistas y un trabajo de observación de las reuniones. Este trabajo le permite mostrar cómo los militantes van decidiendo, paso a paso, a lo largo de diversas reuniones inter-asociativas y de enfrentamientos internos, privilegiar, en sus argumentarios y sus acciones, lo que la autora denomina el "registro del vínculo" [*registre de l'attachement*], que consiste en mostrar que la doble pena separa a la persona de su familia, de sus hijos y de su trabajo. El argumento "meta-argumentativo" de los militantes a favor de este tipo de argumento es que suscitará mayor indignación en el gran público que el "registro de la justicia", que consiste en destacar que no puede castigarse dos veces a un condenado y/o que una pena exclusiva para los extranjeros es contradictoria con el principio de igualdad ante la ley. La puesta en relieve de algunos casos escandalosos, por ejemplo, de extranjeros separados de sus familias en Francia por culpa de la doble pena —más que el reclamo por la abolición del propio principio de la doble pena–, puede analizarse como un indicador del cambio en las relaciones de fuerza entre los militantes, el Estado y el público (o al menos en la representación de los militantes sobre esa relación de fuerzas). Recíprocamente, ese registro de argumento y de acción tiene efectos reales sobre el modo en que las fuerzas presentes se representan el problema y sus soluciones.

Esos "registros argumentativos" analizados por Lilian Mathieu no son en sí mismos novedosos, pero observar, como el autor lo propone, lo que conduce a los militantes a privilegiar ciertos registros en detrimento de otros constituye en este caso un medio para contribuir a responder, en una escala "micro-sociológica", a una pregunta que el análisis del discurso y de la argumentación trabajan desde Foucault: cómo se construye el proceso de reducción del número de discursos y de argumentarios que circulan en un conflicto.

La observación etnográfica del "trabajo argumentativo" y las entrevistas no son los únicos medios para vincular los corpus argumentativos protestatarios con su situación de producción, la emergencia y la evolución de un conflicto. Cuando nos interesamos, desde una perspectiva histórica, en reivindicaciones cuyos protagonistas ya no están, sus mismos argumentarios públicos pueden utilizarse como fuentes y documentos y contribuir así a esclarecer los contextos en los que ellos fueron enunciados. Por ejemplo, en los años 1880-1930, en Francia, múltiples argumentarios a favor de la igualdad de acceso de los dos sexos a los títulos y profesiones consistían en destacar que, debido a las transformaciones socio-económicas de las estructuras sociales, una parte de las familias de la burguesía media desgraciadamente ya no podía ofrecer la dote de sus niñas. Por lo tanto, estas ya trabajaban y era necesario, concluían las feministas, autorizarlas a acceder a los mismos títulos y a las mismas profesiones que sus hermanos a fin de evitar una pérdida de estatus como consecuencia del ejercicio de profesiones no calificadas. Las feministas encontraban de ese modo un *topos* "realista" empleado en el pasado en numerosos conflictos: ese *topos* consistía en subrayar que, independientemente de la opinión sobre una determinada medida (en este caso el trabajo de las mujeres de la burguesía), no quedaba otra opción que ratificarla legalmente porque ella ya estaba inscrita en el curso mismo de las cosas.

Además, agregaban las feministas, el acceso de las mujeres a los diplomas también era coherente con los valores meritocráticos que esgrimía el régimen republicano: allí encontraban nuevamente un argumento esgrimido en el pasado por otros grupos sociales que luchaban por participar en el juego de la movilidad social mediante la formación secundaria y superior. Pero, más que hacer un simple inventario de esta repetitividad argumentativa en la pluma y en la boca de diferentes actores, contextualizar sus argumentos implica aprehender las transformaciones socio-económicas específicas que estos grupos movilizados volvieron pertinentes para reivindicar tales derechos en cada ocasión: en el caso de las feministas, el empobrecimiento de la burguesía media, la escolarización primaria de los dos sexos en establecimientos públicos y la implementación estatal de procedimientos meritocráticos fueron dotados, en un contexto de estructuración de los movimientos feministas, de una significación igualitaria, aunque esas mismas transformaciones no tuvieran en absoluto como objetivo los derechos femeninos.

En otros términos, podemos considerar los argumentos como "operaciones de contextualización"[120], es decir, como una manifestación de los elementos del contexto que los actores vuelven pertinentes para apuntalar sus reivindicaciones. Con esta perspectiva, que analiza cómo el contexto es vuelto pertinente por los actores mismos dentro de los corpus

---

[120] Sobre las operaciones de contextualización en las prácticas discursivas, ver Van Dijk (2009).

protestatarios, es posible superar la oposición entre un abordaje internalista de los corpus argumentativos y uno externalista de las condiciones de emergencia de las movilizaciones.

Eso es lo que quisiera mostrar con un último ejemplo, sobre los defensores del acceso de las parejas del mismo sexo a la unión legal y a la filiación en nombre de la igualdad de derechos en Europa occidental, quienes "redescubren" una gran parte de los argumentos del pasado a favor de los derechos de las mujeres. Ese redescubrimiento puede dar la impresión de un "debate inmóvil", aun cuando está ligado a cambios contextuales importantes en relación a la conyugalidad heterosexual y homosexual. Muchas investigaciones han mostrado en efecto que desde los años 1970-1980 el proceso de indiferenciación jurídica de los roles paterno y materno que siguió a las luchas por la igualdad civil entre los sexos, y la creciente disociación entre conyugalidad, sexualidad, parentalidad y procreación en las parejas heterosexuales, contribuyeron a que los modos de vida heterosexuales en su diversidad (ser padres sin estar casados, estar en pareja sin ser padres, tener una vida sexual sin ser ni padre ni casado, tener múltiples vidas conyugales sucesivas, constituir "familias ensambladas", etc.) ya no se definan tan claramente en oposición a los "modos de vida homosexuales" (Vogel 2000, 177-199). Por otra parte, la epidemia del SIDA, al poner en evidencia el vacío jurídico en el que se encontraban las parejas homosexuales cohabitantes, contribuyó a convertir la unión legal de las parejas del mismo sexo en una causa legítima para las asociaciones de lucha contra el SIDA. Ellas veían asimismo en la protección jurídica de la conyugalidad homosexual estable un instrumento de lucha contra la propagación de la enfermedad (Pollak 1993).

Ahora bien, desde el momento en que se debilitó el dispositivo que justificaba las distinciones legales entre las parejas homosexuales y heterosexuales por diferencias de situación entre heterosexuales y homosexuales, se presenta una oportunidad histórica para mostrar el carácter arbitrario de las persistentes discriminaciones legales hacia los homosexuales[121]. Dicho de otro modo, lejos del discurso que asimila el progreso de la igualdad con una ley natural de la historia, son algunos acontecimientos heterogéneos y ciertos cambios sociales imprevisibles los que condujeron a los actores a desplegar nuevamente un conjunto de argumentarios propios de las batallas feministas anteriores y a presentar sus reivindicaciones a la vez como análogas a esas luchas y como una prolongación de esas luchas[122].

Por último, esta reapropiación de los cambios sociales y esta reactualizacion de argumentos anteriores a los que los actores proceden está presente no solo en la emergencia de las causas que se intenta legitimar en referencia a otras, sino también en el interior mismo de la evolución de la movilización, como pudimos ver con el ejemplo de las movilizaciones

---

[121] Con respecto a la evolución de los discursos de reivindicación gays en los años 1980-1990 en Estados Unidos, puede leerse el análisis de Darsey (1991).

[122] Sobre la equivalencia de reivindicaciones igualitaristas en diferentes luchas, ver, por ejemplo, Laclau y Mouffe (1985), Mouffe (1994), Rancière (1998), Balibar (2010).

contra la doble pena. Estudiar los usos que hacen los actores de ciertas conquistas sociales para obligar a sus adversarios a desplazar y a reconfigurar sus estrategias argumentativas, exige un foco micro-sociológico y micro-discursivo. Este foco puede completar la aprehensión más general sobre los pares de argumentos opuestos que estructuran los conflictos de forma recurrente.

Ninguna victoria o fracaso, en sí mismos, invalida mecánicamente tal o cual argumento adverso en una movilización. Lo que ocurre, a menudo, es que los usos de esas victorias o de esos fracasos por los defensores de una causa fuerzan a sus adversarios a renovar en parte sus argumentos. Por ejemplo, en ocasión del debate sobre el acceso de las mujeres al Colegio de abogados en los años 1897-1900, las feministas recordaban a sus adversarios que habían utilizado para las mujeres médicas los mismos argumentos a los que recurrieron luego para las abogadas. Como el acceso de las mujeres al internado de medicina a partir de 1885 ya estaba legitimado, las abogadas sostenían que su reclamo también lo estaba. Esta ofensiva feminista obligó a sus adversarios a precisar aquello que distinguía a las dos profesiones desde el punto de vista de las capacidades e incapacidades femeninas, y a redefinir la "virilidad" de la actividad de litigar en oposición a la "femineidad" de las actividades de cuidado de otro (Rennes 2007a, 259-266).

En el mismo sentido, en los años 1970-1980 el principal argumento de los adversarios al derecho de los residentes extranjeros no europeos a votar en las elecciones locales era un argumento de "encuadre" o de "definición" que consistía en presentar los derechos políticos como un atributo de la nacionalidad. Desde los años 1990, los extranjeros europeos, aun cuando no sean nacionales, acceden en parte a esos derechos políticos porque pueden votar en las elecciones locales y europeas del país en el que residen. Ahora bien, no debe creerse que ese cambio jurídico en tanto tal debilita el argumento del encuadre que mencionamos. Esta fragilización resulta más bien de la ofensiva de los defensores de los extranjeros que se apropian de "Europa como un recurso de acción" (Lacalmontie 2010), formulando así la reivindicación de una "ciudadanía europea de residencia" abierta a los residentes sin condición de nacionalidad. Obligan así a sus adversarios a recalificar aquello que distingue precisamente a esas dos categorías de no-nacionales, los extranjeros europeos y los extranjeros extra-europeos. Unos años más tarde, los defensores del matrimonio entre parejas del mismo sexo llevarán a sus adversarios a un desplazamiento argumentativo del mismo orden, esta vez en relación a las formas de unión civil. La primera premisa es que la legitimidad del contrato de unión civil diferente al matrimonio, el PACS, aprobado en 1999, era objeto de consenso diez años después. Por lo tanto, no era pertinente que los adversarios al matrimonio entre parejas del mismo sexo utilizaran una década después los mismos argumentos de antaño para oponerse al PACS. Contra este argumento, a su vez, los adversarios debieron precisar la especificidad jurídica, simbólica y cultural del matrimonio en relación a otras formas de uniones civiles.

Estos tres ejemplos, sobre las abogadas, el derecho de voto de los extranjeros y el PACS, son formas de argumento por el precedente, es decir, plantean la exigencia de tratar de modo análogo dos situaciones similares. La paradoja es que este argumento por el precedente termina dando una forma repetitiva a los cambios reivindicados y a las conquistas. Como si no hubiera novedad, sino repetición de lo mismo. Luego, esa repetitividad determina en parte el carácter también repetitivo de las refutaciones adversas que consisten, a partir de *distinguos*, en negar las analogías establecidas por los igualitaristas, poniendo de relieve que los reclamos actuales no son en absoluto análogos a lo que han obtenido anteriormente.

4. Elementos de conclusión

Partiendo de la constatación de la división del trabajo entre sociología de las movilizaciones y teorías de la argumentación, el propósito de este artículo ha sido comprender la lógica de esta división del trabajo y superar algunas de sus dificultades. La primera es la heterogeneidad estructural entre formas verbales y no verbales de la protesta, la cual coexiste con los procesos de imbricación y de interdependencia, desde el momento en que toda acción es concebida y recibida en un marco interpretativo que la dota de un alcance argumentativo en un conflicto. La heterogeneidad temporal entre formaciones discursivas, *topoï*, relaciones sociales y repertorios de acción en juego en un conflicto constituye un segundo obstáculo para el análisis. Pero esta heterogeneidad es también una riqueza para la comprensión de las prácticas contestatarias: nos invita a no caracterizar jamás una movilización como totalmente "nueva" o "clásica", dado que retóricas antiguas pueden imbricarse con formatos de acción más recientes y expresar reivindicaciones inéditas.

Porque no deberíamos confundir antigüedad de los argumentos con inmovilidad de la historia: si las estrategias de denuncia de las injusticias se parecen, aun cuando impliquen a actores, sectores y contextos muy diferentes, se debe sobre todo a que los protagonistas de esas luchas se apoyan en ciertos acontecimientos y transformaciones de las relaciones sociales que ellos vuelven pertinentes para poner en equivalencia sus propias reivindicaciones y luchas anteriores. Esa es una de las paradojas de las prácticas argumentativas protestatarias que la sociología y la historia nos permiten explorar: romper la legitimidad de un orden social implica a menudo, para los actores movilizados, hacer ver su situación como análoga a otras situaciones históricamente injustas, y volver a dar vida a antiguas formas de protesta.

Referencias bibliográficas

ANGENOT, MARC (1982). *La parole pamphlétaire*. París: Payot.

ANGENOT, MARC (2000). *Les grands récits militants des XIXe et XXe siècles. Religions de l'humanité et sciences de l'histoire*. París: L'Harmattan.

ANGENOT, MARC (2008). *Dialogues de sourds. Traité de rhétorique antilogique*. París: Mille et une nuits.

ARISTÓTELES (1990). *Organon V. Les topiques*. París: Vrin.

ARISTÓTELES (2003). *Rhétorique*. París: Gallimard.

AUCLERT, HUBERTINE (2007). *Hubertine Auclert, pionnière du féminisme : textes choisis*. Saint-Pourçain-sur-Sioule: Bleu Autour.

BALIBAR, ÉTIENNE (2010). *La proposition d'égaliberté. Essais politiques*. París: PUF.

BENFORD, ROBERT y DAVID SNOW (2000). "Framing processes and social movements: an overview and assessment". *Annual Review of Sociology* 26: 611-639.

BOUAMAMA, SAÏD (2000). *J'y suis, j'y vote*. París: L'esprit frappeur.

BURKE, KENNETH (1969). *A Rhetoric of Motives*. Berkeley: University of California Press.

CADORET, ANNE, MARTIN GROSS, CAROLINE MÉCARY y BRUNO PERREAU (dirs.) (2006). *Homoparentalités, approches scientifiques et politiques*. París: PUF.

CEFAÏ, DANIEL (2007). *Pourquoi se mobilise-t-on?* París: La Découverte.

CHAMPAGNE, PATRICK (1990). *Faire l'opinion*. París: Minuit.

CONTAMIN, JEAN-GABRIEL (2010). "Cadrages et luttes de sens". En *Penser les mouvements sociaux*, dirigido por Olivier Fillieule, Eric Agricoliansky e Isabelle Sommier, 55-75. París: La Découverte.

DARSEY, JAMES (1991). "From 'gay is good' to the scourge of AIDS: the evolution of gay liberation rhetoric, 1977-1990". *Communication studies* 42/1: 43-66.

DENARDO, JAMES (1985). *Power in numbers. The political strategy of protest and rebellion*. Princeton: Princeton University Press.

DESMONS, ERIC y MARIANNE PAVEAU (dirs.) (2008). *Outrages, insultes, blasphemes et injures. Violences du langage et polices du discours*. París: L'Harmattan.

DOURY, MARIANNE (1997). *Le débat immobile. L'argumentation médiatique dans les débats sur les parasciences*. París: Kimé.

DOURY, MARIANNE (2004). "La classification des arguments dans les discours ordinaires". *Langages* 154: 59-73.

ERIBON, DIDIER (2004). *Sur cet instant fragile… Carnets. Janvier-août 2004*. París: Fayard.

FAIRCLOUGH, NORMAN (2003). *Analysing Discourse. Textual Analysis and Social Research*. Londres: Routlege.

FASSIN, ÉRIC (2005). *L'inversion de la question homosexuelle*. París: Amsterdam.

FILLIEULE, OLIVIER (2010). "Tombeau pour Charles Tilly, répertoires, performances et stratégies d'actions". En *Penser les mouvements sociaux*, dirigido por Olivier Fillieule, Eric Agricoliansky e Isabelle Sommier, 77-99. París: La Découverte.

FILLIEULE, OLIVIER, LILIAN MATHIEU y CÉCILE PÉCHU (2009). *Dictionnaire des mouvements sociaux*. París: Presses de Sciences Po.

FOUCAULT, MICHEL (1969). *L'archéologie du savoir*. París: Gallimard.

GABEL, JOSEPH (1962). *La fausse conscience*. París: Minuit.

GAMSON, WILLIAM y DAVID MEYER (1996). "Framing Political Opportunity". En *Comparative perspectives on Social Movements*, editado por Doug McAdam et al., 275-290. Cambridge: Cambridge University Press.

GEERTZ, CLIFFORD (1964). "Ideology as a cultural system". En *Ideology and Discontent*, editado por David Apter, 47-76. Glencoe: Free Press.

GOSSELIN, ANDRÉ (1995). "La rhétorique des conséquences non-prévues". *Hermès* 17-18: 301-319.

GUILLAUMIN, COLETTE (1992). *Sexe, race et pratique du pouvoir. L'idée de nature.* París: Côté Femmes.

GUTERMAN, NORBERT y HENRI LEFEBVRE (1936). *La conscience mystifiée*. París: Gallimard.

HALL, STUART (1982). "The rediscovery of 'ideology': return of the repressed in media studies". En *Culture, Society and the Media*, dirigido por Michael Gurevitch, Tonny Bennett, James Curran y Janet Woollacott, 56-90. Londres: Methen.

HAUSE, STEVEN y ANNE R. KENNEY (1984). *Women's suffrage and social politics in the French Third Republic*. Princeton: Princeton University Press.

HIRSCHMAN, ALBERT (1991). *The Rhetoric of Reaction: Perversity, Futility, Jeopardy*. Cambridge: The Belknap Press of Harvard University Press.

KLANDERMANS, BERT y CONNIE ROGGEBAND (dirs.) (2010). *Handbook of Social Movements across disciplines*. Springer: Amsterdam.

LACALMONTIE, SÉVERINE (2010). "Se saisir de l'Europe comme ressource d'action: la carrière militante du droit de vote des étrangers". En *L'Europe sous tensions*, dirigido por Amandine Crespy y Mathieu Petithomme. París: L'Harmattan.

LACLAU, ERNESTO y CHANCTAL MOUFFE (1985). *Hegemony and socialist strategy*. Londres: Verso.

LOCHAK, DANIÈLE (2010). *Le droit et les paradoxes de l'universalité*. París: PUF.

LUKACS, GEORGE [1923] (1960). *Histoire et conscience de clase*. París: Minuit.

MAINGUENEAU, DOMINIQUE (1984). *Genèses du discours*. Bruselas-Liège: Mardaga.

MATHIEU, LILIAN (2006). *La double peine, histoire d'une lutte inachevée*. París: La Dispute.

MICHELI, RAPHAËL (2010). *L'émotion argumentée. L'abolition de la peine de mort dans le débat parlementaire français*. París: Cerf.

MILLS, CHARLES WRIGHT (1940). "Situated actions and vocabularies of motive". *American Sociological Review* V (dic.): 904-913.

MORRIS, CHARLES y STEPHEN H. BROWNE (eds.) [2001] (2006). *Readings on The Rhetoric of Social Protest*. State College: Strata.

MOUFFE, CHANTAL (1994). *Le politique et ses enjeux. Pour une démocratie plurielle*. París: La Découverte.

MYRDAL, GUNNAR [1944] (1996). *An American dilemma: the negro problem and modern democracy*. New Brunswick: Transaction.

OFFERLÉ, MICHEL (2008). "Retour critique sur les répertoires de l'action collective (XVIIIe-XXIe siècles)". *Politix* 81: 181-202.

PERELMAN, CHAÏM (1963). *Justice et raison*. Bruselas: Presses de l'Université de Bruxelles.

PERELMAN, CHAÏM y LUCIE OLBRECHTS-TYTECA [1958] (1992). *Traité de l'argumentation. La nouvelle rhétorique*. Bruselas: Presses de l'Université de Bruxelles.

PLANTIN, CHRISTIAN (2002). "Argument". En *Dictionnaire d'analyse du discours*, dirigido por Patrick Charaudeau y Dominique Maingueneau. París: Seuil.

PLANTIN, CHRISTIAN (2010). "Document 6: Premiere liste provisoire des entrees. Topos- Enthymeme- Types et typologie- Familles d'arguments". Atelier Argumentation, dirigido por Marianne Doury. París: 14 janvier 2010.

POLLAK, MICHAEL (1993). "L'homosexualité masculine ou le bonheur dans le ghetto?". En *Une identité blessée: études de sociologie et d'histoire*, dirigido por Michel Pollak, 179-200. París: Métailié.

RANCIÈRE, JACQUES (1998). *Aux bords du politique*. París: La Fabrique.

RENNES, JULIETTE (2007a). *Le mérite et la nature. Une controverse républicaine: l'accès des femmes aux professions de prestige (1880-1940)*. París: Fayard.

RENNES, JULIETTE (2007b). "L'invocation des Lumières dans l'histoire de la République. Des discours sous contrainte". En *L'esprit des Lumières est-il perdu?*, dirigido por Nicolas Weill, 71-80. Rennes: PUR.

RENNES, JULIETTE (2007c). "Les controverses d'égalité de droit en régime républicain. Catégories cognitives et répertoires argumentatifs". En *Le temps de l'État*, dirigido por Bertrand Badie e Yves Déloye, 408-419. París: Fayard.

STEINBERG, MARC (1995). "The roar of the crowd: Repertoires of discourse and collective action among the Spitalfields Silk Weavers in Nineteenth Century London". En *Repertoires and cycles of collective action*, editado por Mark Traugott, 57-88. Durham-Londres: Duke University Press.

TILLY, CHARLES (1986). *La France conteste, de 1600 à nos jours*. París: Fayard.

TILLY, CHARLES (2006). *Regimes and Repertoires*. Chicago: University of Chicago Press.

TILLY, CHARLES (2008). *Contentious Performances*. Cambridge: Cambridge University Press.

VAN DIJK, TEUN (2009). "Texte, contexte et connaissance". *Semen* 27: 127-155.

VIGARELLO, GEORGES (2004). *Histoire de la beauté. Le corps et l'art d'embellir de la Renaissance à nos jours*. París: Seuil.

VOGEL, URSULA (2000). "Private contract and public institution. The peculiar case of marriage". En *Public private: legal, political and philosophical perspectives*, editado por Maurizio Passerin d'Entreves y Ursula Vogel, 177-199. Londres-Nueva York: Routledge.

WALTON, DOUGLAS (1992). *Slippery Slope Argument*. Oxford: Clarendon Press.

Información sobre los autores

Ruth Amossy es profesora emérita en la Universidad de Tel-Aviv, coordinadora del grupo de investigación ADARR (*Analyse du discours, argumentation, rhétorique*) y jefa de redacción de la revista electrónica *Argumentation et analyse du discours* (aad.revues.org).

Autora de *L'argumentation dans le discours*, publicado en 2000 (3° edición en 2012), de *La présentation de soi. Ethos et identité verbale* (2010) –continuación de *Images de soi dans le discours* (libro colectivo publicado en 1999)– y, más recientemente, de *Apologie de la polémique* (2014), también ha trabajado sobre el estereotipo y el cliché. Además de la literatura francesa del siglo XIX al XXI, sus numerosos artículos tratan diversos aspectos de la argumentación en relación al análisis del discurso.

Marc Angenot es historiador de las ideas y teórico de la retórica. Doctor en Filosofía y Letras por la Université Libre de Bruxelles, desde 1967 es profesor en la Université McGill de Montreal y desde 2013 profesor emérito. Es autor de más de 170 libros, cuadernillos de investigación y artículos en libros colectivos. En 2001 fue designado a cargo de la cátedra James McGill Professorship de estudios sobre el discurso social. Es miembro de la Académie des Arts, des Lettres et des Sciences Humaines, integrada a la Société Royale du Canada. Es el único profesor de letras en haber recibido el Prix du Québec Léon-Gérin en 2005 por su obra. En 2012 fue titular de la Chaire Chaïm-Perelman de Rhétorique et d'Histoire des idées en la Université Libre de Bruxelles.

Simone Bonnafous es profesora en ciencias de la información y de la comunicación, fue miembro de la Unidad de Investigación "Lexicométrie et textes politiques" de la École Normale Supérieure de Fontenay Saint-Cloud, co-fundadora y directora del Département de communication politique et publique de la Universidad de París 12, y directora fundadora del Centre d'études des discours, images, textes, écrits et communications (Ceditec) en la misma universidad. Directora General de Enseñanza Superior y de Investigación (DGESIP) desde el año 2012, anteriormente fue presidente de la Universidad París Est-Créteil Val-de-Marne, ex- parís 12 (UPEC) y vice-presidente de la Conférence des présidents d'université (CPU). Sus áreas de investigación son la comunicación, el discurso y la argumentación política, y es autora de numerosos artículos y capítulos de obras científicas.

Dominique Garand es profesor en el Departamento de Estudios Literarios de la Université de Québec à Montréal (UQAM). Especialista en los modos de escritura agonísticos (polémica, panfleto, textos literarios de combate, etc.), publicó *La griffe du polémique* (Montreal: L'Hexagone, 1989), *États du polémique* (Nota Bene, 1998, en colaboración con Annette Hayward), *Portrait de l'agoniste: Gombrowicz* (Liber, 2003) y *Un Québec polémique. Éthique de la discussion dans les débats publics* (Hurtubise, 2014). También es autor de un ensayo sobre la tradición literaria quebequense, *Accès d'origine ou pourquoi je lis encore Groulx, Basile, Ferron...* (Hurtubise, 2004), galardonado con el premio Jean-Éthier Blais 2005. Es miembro del Centre de recherche interuniversitaire sur la littérature et la culture québécoises, y ocupa además el puesto de director de la colección Les Cahiers du Québec (Éditions Hurtubise) desde marzo de 2008.

Catherine Kerbrat-Orecchioni es profesora emérita en la Universidad Lumière-Lyon 2, donde desarrolló toda su carrera. Fue profesora invitada en diferentes universidades extranjeras (Columbia University de New York, Universidad de Génova, Universidad de California-Santa Bárbara) y ocupó entre 2000 y 2005 la cátedra "Lingüística de las interacciones" en el Institut Universitaire de France. Sus campos de especialidad son la pragmática, el análisis del discurso y el análisis de las interacciones, temas sobre los que ha publicado numerosos artículos y libros, entre los cuales se encuentran *L'énonciation*, *L'implicite*, *Les interactions verbales* (3 tomos), *Les actes de langage dans le discours*, *La conversation*, *Le discours en interaction*. También dirigió múltiples publicaciones colectivas. Las más recientes son: *S'adresser à autrui. Les formes nominales d'adresse en français* (2010) y *S'adresser à autrui: les formes nominales d'adresse dans une perspective comparative interculturelle* (2014).

Dominique Maingueneau es profesor de lingüística en la UFR de Langue française de la Université París-Sorbonne. Sus trabajos se ocupan de la lingüística francesa y el análisis del discurso. Publicó numerosas obras en esta última disciplina luego de su *Initiation aux méthodes de l'analyse du discours* (1976); co-dirigió el *Dictionnaire d'analyse du discours* (París: Seuil, 2002). Se inscribe en la tradición francesa de análisis del discurso, basada en los aportes de Michel Foucault, de la pragmática y de las teorías de la enunciación lingüística. Actualmente se dedica al discurso político y a los "discursos constituyentes" (filosófico, religioso, científico, literario), discursos que legitiman en última instancia el conjunto de prácticas de una sociedad. Sus últimas obras son: *The Discourse Studies Reader. Main trends in theory and analysis* (John Benjamins, 2014, en colaboración con J. Angermuller y R. Wodak), y *La philosophie comme institution discursive* (Limoges: Lambert-Lucas, 2015).

Christian Plantin fue director de investigaciones en el Centre National pour la Recherche Scientifique (CNRS) en el área de ciencias del lenguaje, y actualmente es profesor emérito en la Université Lyon 2. Sus investigaciones se encuadran en el estudio de las interacciones, el discurso y la pragmática, más específicamente en la argumentación y en la expresión-comunicación lingüística de las emociones. En español ha publicado numerosos artículos y lo siguientes libros: *La argumentación* (Barcelona: Ariel, 1998) y *La argu-*

mentación: historia, teorías, perspectivas (Buenos Aires: Biblos, 2012). En francés, sus últimas obras son: *Les bonnes raisons des émotions. Principes et méthodes pour l'étude du discours
émotionné* (Berne: Peter Lang, 2011), *L'argumentation en classe de sciences: du débat à l'ap-
prentissage* (Lyon: ENS-CNDP Éditions, 2009, co-editado con Christian Buty). Su *Dictionnaire de l'argumentation* será publicado en 2015 por ENS Éditions.

Juliette Rennes es profesora-investigadora (maître de conférences) en la École des Hau-
tes Études en Sciences Sociales (EHESS). Sus trabajos y cursos se abocan a la historia de los
discursos y las controversias, en particular aquellos que ponen en juego disputas sobre la
igualdad en Francia desde fines del siglo XIX. Es miembro de los comités de redacción de
las revistas *Mots. Les langages du politique, Mouvements* y *Travail, Genre et Société*. Publicó *Le
mérite et la nature. Une controverse républicaine: l'accès des femmes aux professions diplômées
(1880-1940)* (París: Fayard, 2007) y diversos artículos sobre su tema de investigación.

www.ingramcontent.com/pod-product-compliance
Lightning Source LLC
Chambersburg PA
CBHW081720250726
48657CB00010B/3065